Spanish Short Stories for Intermediate Level

Improve Your Spanish Listening and Reading Comprehension Skills

By Claudia Orea

Also available:

Easy-to-Read English-Spanish Short Stories for Intermediate Level (https://geni.us/spanishinter2)

Easy Intermediate Level Stories to Learn Spanish (https://geni.us/spanishinter3)

TABLE OF CONTENTS

Introduction v

Advice on How to Use this Book Effectively vi

Histoire 1: El Peculiar Grupo De Rock (música e instrumentos) /
Story 1: The Peculiar Rock Band (music and instruments) **1**

Vocabulary Recap 9

Histoire 2: El cumpleaños de María (oficina y trabajo) /
Story 2: Maria's Birthday (office and work) **11**

Vocabulary Recap 19

Histoire 3: Historia de un aeropuerto (Viajes y aeropuertos) /
Story 3: Story of an Airport (trips and airports) **20**

Vocabulary Recap 27

Histoire 4: El Monstruo De Debajo De La Cama (sueños y pesadillas) /
Story 4: The Monster Under the Bed (dreams and nightmare) **28**

Vocabulary Recap 35

Histoire 5: La gallina de la anciana (comidas y cocina) /
Story 5: The Old Woman's Hen (food and kitchen) **36**

Vocabulary Recap 44

Histoire 6: El Viejo, Viejo Vino (lujos y dinero) /
Story 6: The Old, Old Wine (luxury and money) **46**

Vocabulary Recap 54

Histoire 7: La Belleza Tras Las Apariencias (belleza y descripción) /
Story 7: The Beauty Behind Appearances (beauty and description) **56**

Vocabulary Recap 64

Histoire 8: Las luces de la sabiduría (tiempo meteorológico y descripción) /
Story 8: The Lights of Knowledge (weather and landscape description) **66**

Vocabulary Recap 74

Histoire 9: La historia de Pedro (familia y guerra) /
Story 9: Pedro's Story (family and war) **76**

Vocabulary Recap 84

Histoire 10: Viernes 7 de diciembre (sueños y realidad) /
Story 10: Friday December 7th (dreams and reality) **. 86**

Vocabulary Recap 94

Conclusion 96

Instructions on How to Download the Audio 97

About My Daily Spanish 98

INTRODUCTION

Reading is one of the best activities you can do to improve your knowledge of a particular language. Reading helps you learn new vocabulary and even introduces you to varied grammar structures that will be easier for you to pick up and put to use immediately. Most of all, reading is a fun activity that will not seem like such a chore in learning a language. Now add a listening aspect to that, and you get an engaging and entirely effective way to learn a language.

This book contains ten original Spanish short stories designed to help you **improve your reading and listening skills** and **learn new vocabulary easily.** This book will address some issues you might have, such as lack of available reading materials suited to your level, or difficulty in finding audio resources to practice your listening comprehension skills.

You'll be able to read ten short stories about useful daily topics that are perfect for intermediate level learners. With the built-in Spanish-English glossary throughout the text, you'll be able to effortlessly add 1,000 new Spanish words to your repertoire without needing a dictionary.

The stories are written in such a way that will make it easier for you to understand the context in which the vocabulary is used.

So, are you ready to start reading the Spanish short stories? Let's get started! Enjoy!

Gracias. Thank you.

My Daily Spanish Team

ADVICE ON HOW TO USE THIS BOOK EFFECTIVELY

You may already have some ideas on how you will enjoy this book, but nonetheless, we have prepared some advice to maximize your learning and enjoyment.

1. **Don't try to understand everything the first time around.** If your Spanish is not flawless yet, you may miss or misunderstand some of the words. That's OK. Don't give up or get frustrated just because you are stuck on one word. We have tried to provide as much vocabulary as possible, which we believe can cement your comprehension of the stories. If one word confuses you, just skip it and continue reading.
2. **Review the words you learn after each chapter.** The new words you learn may just as easily be forgotten after you read them. To avoid that, try to review the vocabulary you learn after each story.

How to Use the Audio

The bonus audio is narrated by a professional voice actor/native Spanish-speaker. The phrases are repeated twice with enough time in between. During the gap, make sure to practice pronouncing the words yourself!

Important! The link to download the Audio is available at the end of this book.
(Page 97)

HISTOIRE 1: EL PECULIAR GRUPO DE ROCK (MÚSICA E INSTRUMENTOS)
STORY 1: THE PECULIAR ROCK BAND (MUSIC AND INSTRUMENTS)

Important! You can download the audio at the end of the book.(P97)

Marta llegaba de la Universidad todos los días a la misma hora. Estudiaba un rato, ayudaba con las tareas de la casa, sacaba a pasear a su perro y si le quedaba tiempo libre siempre lo gastaba de la misma manera: **tocando la guitarra**. Marta era una gran apasionada de la música. En ese sentido, siempre había sido el **bicho raro** de su grupo de amigos. Le encantaba pasar tardes enteras **escuchando música** y tocando la guitarra. Además, tenía una voz preciosa y una gran capacidad para **componer canciones**, o para hacer **versiones** de las canciones que más le gustaban. Tenía toda la habitación llena de posters, una estantería con todos los **discos de vinilo** y los CDs que se había comprado ella, o que le habían regalado sus amigos durante su cumpleaños. Marta no podía salir a la calle y si no llevaba los **cascos** puestos, el día que se me rompían o se quedaba sin música por cualquier motivo, era una verdadera tragedia.

Marta got back from the university at the same time every day. She studied for a while, helped with household chores, took her dog for a walk and, if she had any free time, she always spent it the same way: playing the guitar. Marta was very passionate about music. In this sense, she had always been the weirdo of her group of friends. She loved to spend entire afternoons listening to music and playing guitar. In addition, she had a beautiful voice and a great ability to compose songs, or to make covers of the songs she liked most. She had her whole room full of posters, a shelf with all the vinyl records and CDs that she had bought, or that her friends had given her on her birthday. Marta wasn't able to go out and, if she wasn't putting on her headphones, the day they broke or she ran out of music for whatever reason, it was a real tragedy.

Tocar la guitarra: to play the guitar

Ser el bicho raro: to be the weird guy

Escuchar música: to listen to music

Componer canciones: to compose songs

Versiones: covers

Discos de vinilo: vinyl records

Cascos: headphones

Cuando comenzó la historia, Marta acaba de llegar a la universidad. Quería estudiar periodismo, porque su sueño era trabajar **analizando música** en una televisión, o tener su propio programa de radio, su propia columna en su revista o un periódico, o dedicarse a escribir simplemente sobre lo que más le gustaba. Dentro de la Universidad hizo un grupo de amigos bastante amplio, debido a que era una chica muy sociable.

When the story began, Marta had just got to university. She wanted to study journalism, because her dream was to work analyzing music on television, or to have her own radio show, her own column in a magazine or a newspaper, or simply to write about what she liked most. At university she made a fairly large group of friends, because she was a very sociable girl.

Analizar música: to analyse music

Un día, caminando por los pasillos, le llamó mucho la atención un anuncio que había colgado en la pared. Se trataba de uno de los **grupos de rock** más famosos de su universidad, compuesto por 4 chicos un poco más mayores que ella, pero que ya habían sacado su propio **disco**. Ella era muy fan de ese grupo, y les había visto **actuar** en más de una ocasión en los **eventos** organizados por la universidad. En el anuncio, el líder principal del grupo, que además era el **batería**, informaba de que el grupo se había quedado sin **guitarrista** y que estaban buscando a una persona que pudiera tocar la guitarra y cantar para hacer un casting.

One day, walking through the corridors, an advertisement that had been hung on the wall caught her attention. It was one of the most famous rock bands at her university, made up of 4 boys a little older than her, but who had already released their own album. She was a big fan of the band, and had seen them perform on more than one occasion at events organized by the university. In the ad, the main leader of the band, who was also the drummer, reported that the band was in need of a guitarist and they were looking for someone who could play guitar and sing for a casting.

Grupo de rock: rock band

Disco: CD

Actuar: to perform

Evento: event

Batería: drummer

Guitarrista: guitar player

Marta no lo dudó ni un momento y se apuntó el número de teléfono en el móvil. Esa misma tarde, cuando volvió a casa, envió un mensaje de texto diciendo que había leído el anuncio y que llevaba más de 7 años tocando la guitarra, que además componía y le gustaba cantar. La respuesta llegó unos segundos después. Marcos, que así se llamaba el chico que haya puesto el anuncio, le preguntó si podían reunirse con todo el grupo el día siguiente después de las clases, y quedaron en que se verían en una de las salas que habían alquilado para hacer la **audición**. Marta estaba muy ilusionada porque siempre había soñado con tener un grupo de rock, y parecía que se le había presentado la oportunidad perfecta. Marcos era uno de los mejores guitarristas que había conocido y estaba seguro de que ese grupo **llegaría muy lejos.**

Marta didn't hesitate for a moment and wrote down the phone number on her mobile phone. That same afternoon, when she got home, she sent a text message saying that she had read the ad and that she had been playing the guitar for more than 7 years, and that also, she composed and liked to sing. The reply came a few seconds later. Marcos, which was the name of the boy who posted the ad, asked if they could get together with the whole band the next day after school, and they agreed to meet in one of the rooms they had rented for the audition. Marta was very excited because she had always dreamed of having a rock band, and it seemed that she had been presented with the perfect opportunity. Marcos was one of the best guitarists she had ever seen and she was sure the band would go far to be successful.

Audición: audition

Llegar lejos: to be successful

Antes de abrir la puerta de la sala en la que habían quedado, se paró durante unos instantes para tomar aire y tranquilizarse. Llamó a la puerta y una voz desde dentro le indicó que pasase.

-Buenas, soy Marta, vengo porque he visto el anuncio. -dijo la pobre con la voz temblorosa.

Before opening the door to the room in which they agreed to meet, she stopped for a few moments to take a breath and calm down. She knocked on the door and a voice from inside told her to come in.

"Well, I'm Martha, I'm here because I saw the ad," said the poor girl in a trembling voice.

El grupo estaba sentado en unos sofás con todos los **instrumentos**. Marcos se acercó a ella y le dijo que la audición ya estaba cerrada porque habían hablado con una persona por teléfono y habían quedado en verse allí. A Marta eso le extrañó mucho, y le dijo que ella era la persona con la que habían hablado.

The group was sitting on sofas with all the instruments. Marcos approached her and told her that the audition was already closed because they had spoken to a person on the phone and had agreed to meet each other there. Martha was very surprised, and told him she was the person they had talked to.

Instrumentos: instruments

-¿Una chica? - dijo Marcos con cara de extrañado - pero no podemos aceptar a una chica en un grupo de rock. Las **voces femeninas** no suelen quedar bien con instrumentos como las **guitarras eléctricas**, lo siento mucho pero estaba buscando un chico, no a una chica.

"A girl?" said Marcos with a surprised face, "but we can't accept a girl in a rock band. Female voices don't usually sound good with instruments like electric guitars. I'm so sorry but I was looking for a boy, not a girl."

Marta intentó de todas maneras que le hicieran la audición y se ofreció a tocar una canción con ellos sin ningún compromiso, pero ellos no quisieron hablar más de ello y le pidieron por favor que se fuera, sin querer escucharla cantar ni tocar. Cuando llegó a casa, Marta estaba tan desilusionada que incluso se planteó dejar de tocar la guitarra para siempre. Pero Marta no era una chica que se diera por vencida fácilmente, y en vez de **darse por vencida,** decidió poner ella misma un anuncio para realizar una audición en otras universidades y crear su propio grupo de música.

Martha wanted to audition anyway and offered to play a song with them without any commitment, but they didn't want to talk about it anymore and asked her to please leave, without wanting to hear her sing or play. When she got home, Marta was so disappointed that she even considered stopping playing the guitar forever. But Marta was not a girl who gave up easily, and instead of giving up, she decided to place an ad herself for an audition at other universities for her own music band.

Voces femeninas: female voices

Guitarras eléctricas: electric guitars

Darse por vencida: to give up

Hubo muchísimas personas interesadas, y después de varios días escuchando tocar a gente, eligió a dos chicas, una para tocar el **bajo**, otra que tocase la batería, y finalmente, a un chico también que tocase la guitarra y cantase. Poco a poco fueron **ensayando**, pero como todos ellos tenían experiencia y eran muy aficionados a la música, no tardaron mucho en hacerse realmente buenos. Eran tan buenos e incluso se presentaron al **concurso de nuevos talentos** de su ciudad. En ese concurso también compitió en el grupo de Marcos, que además era el grupo favorito para la victoria.

There were so many interested people, and after several days of listening to people play, she chose two girls, one to play bass and one to play drums and, lastly, a boy to play guitar and sing. Little by little they rehearsed, but since they all had some experience and were very fond of music, it didn't take long before they became really good. They were really good and even entered their city's new talent contest. In that contest they also competed with Marcos's band, which moreover was the favorite band to win.

Bajo: bass

Ensayar: to practice/rehearse

Concurso de nuevos talentos: emerging talent contest

Justo antes de aparecer en escena, se encontraron con el grupo de Marcos en el **camerino**.

Just before appearing on stage, they met Marcos's band in the dressing room.

- Pero bueno - dijo Marcos acercándose a Marta - pero si es la chica que quería ser rockera. - según dijo esto, el resto del grupo de Marcos se rió. - no te preocupes, ya hemos encontrado a un chico que puede tocar la guitarra y cantar, y seguro que queda mejor que tú.

"But hey," said Marcos approaching Martha, "but she's the girl who wanted to be a rocker". As he said this, the rest of Marcos's band laughed. "Don't worry, we've already found a guy who can play the guitar and sing, and he's sure to be better than you."

Camerino: backstage/dressing room

- Eso ya lo veremos- respondió Marta muy tranquila.

El Gran Premio en el concurso era, ni más ni menos, **grabar una canción** con uno de los grupos más famosos de la **esfera del rock**, además de un contrato con una **discográfica** que les permitiría sacar su propio y primer disco, dar algunos

conciertos, y les abría las puertas al mundo de la **industria musical**. Para Marta era muy importante ganar este concurso. No solo porque el premio era grandioso, sino porque tenía que demostrarle al grupo de Marcos y no siempre hay que dejarse llevar por las apariencias.

"We'll see about that," replied Marta very calmly.

The Grand Prize in the competition was nothing less than to record a song with one of the most famous bands in the rock sphere, as well as a contract with a record company that would allow them to release their own first album, give some concerts, and open the doors to the world of the music industry. It was very important for Marta to win this contest. Not only because the prize was great, but because she had to show Marcos's band that you don't always have to pay too much attention to appearances.

Grabar una canción: to record a song

Esfera del rock: rock scene

Discográfica: record company; record label

Conciertos: shows/concerts

Industria musical: music industry

Marta era consciente de que su grupo era muy bueno, y a ella no le parecía en absoluto que solo, por ser la voz de una chica, quedase peor en una canción de rock que la voz de un chico. **A pesar de todo esto,** Marta todavía estaba intranquila, y tenía miedo de que los **jueces** pensasen también como Marcos y de que no le dieran una oportunidad y la escucharan de verdad. Sin embargo, **hicieron todos de tripas corazón** y salieron al **escenario** cuando les llamaron. Tocaron tres canciones, dos de ellas eran canciones compuestas por Marta, y la última de ellas fue una canción muy especial porque había sido escrita por todos los miembros de su grupo. Todos habían colaborado en ella, cada uno aportando un poco las diferentes **opiniones musicales** que tenían, y había quedado una mezcla un poco extraña pero que a Marta y su grupo le resultaba novedosa y especial.

Martha was aware that her band was very good, and she didn't think at all that a girl's voice would make a rock song worse than a boy's voice would. Despite all this, Martha was still uneasy, and she was afraid that the judges could also think like Marcos and they would not give her a chance and really listen to her. However, they all gathered their courage and went out on stage when they were called. They played three songs, two of them songs composed by Marta, and the last one was a very special song because it had been written by all the members of her band. They had all collaborated on it, each one contributing a little bit to the different musical opinions they had, and there was a mixture, a bit strange, but Marta and her band found innovation in its peculiarity.

A pesar de todo esto: despite all that

Jueces: jury

Hacer de tripas corazón: to have the courage to do something

Escenario: stage

Opiniones musicales: musical opinions

Tras media hora de deliberación del jurado y la **actuación** del grupo de Marcos, finalmente se supieron los resultados. Efectivamente, el grupo de Marta había ganado esta vez el concurso. Estaban todos celebrándolo cuando se dio cuenta de que Marcos y su grupo estaban devastados por los resultados. Ellos también tenían mucha ilusión de tener ese contrato y por ganar el concurso.

After half an hour of jury deliberation and Marcos's band's performance, the results were finally available. Indeed, Marta's band had won the contest this time. They were all celebrating when she realized that Marcos and his band were devastated by the results. They were also so excited to have the contract and to win the contest.

Actuación: performance

Marcos **se dio cuenta** de lo que había hecho y se acercó a ella para pedirle perdón y darle la enhorabuena. Marta se lo agradeció y le dijo que estas cosas tenían que habérselas pensado antes. Sus amigos, debido a la derrota, se enfadaron con Marcos y decidieron dejar el grupo. Marcos **no daba crédito** a lo que estaba pasando, y quiso despedirse de Marta e irse a casa inmediatamente porque no se encontraba bien de ánimo.

Marcos realized what he had done and approached her to apologize and congratulate her. Martha thanked him and told him that these things should have been thought of before. His friends, due to the defeat, got angry with Marcos and decided to leave the band. Marcos didn't believe what was happening, and wanted to say goodbye to Martha and go home immediately because he wasn't in good spirits.

Darse cuenta de algo: to realize

No dar crédito: to not believe something/to be really surprised about something

Sin embargo, Marta, que es una persona que no suele guardar rencor, tuvo una idea que fue enseguida a proponerle a su grupo.

However, Marta, who is a person that does not usually hold a grudge, had an idea that she immediately went to propose to her band.

-Chicos -les dijo- ya que nuestro batería ha decidido continuar con la carrera y dejar al grupo ¿Qué os parece si hacemos una audición para un amigo mío que también es batería y acaba de quedarse sin grupo?

"Guys," she said, "our drummer has decided to continue with his degree and leave the band. What if we audition a friend of mine who is also a drummer and has just been left without a band?"

Todos sus amigos le dijeron que sí, y que estaban ansiosos de conocer a ese chico del que tanto hablaba Marta. Cuando se dieron cuenta de que era Marcos, una de las chicas no quiso que este entrase en el grupo, pero Marta habló con ella y le explicó que, aunque él se había portado mal, era algo que le gustaría hacer, porque le entendía y no quería hacerle lo mismo a otra persona. Al final, terminó convenciendo a su grupo, y Marcos entró a formar parte del grupo con el que, al final, terminaron triunfando dentro de la música.

All her friends told her yes, and that they were eager to meet this boy Marta talked about so much. When they realized it was Marcos, one of the girls didn't want him to join the band, but Martha talked to her and explained that although he had behaved badly, it was something she would like to do, because she understood and didn't want to do the same thing to someone else. In the end, she ended up convincing her band, and Marcos became part of the band with which, in the end, they ended up winning in the world of music.

Vocabulary Recap

Tocar la guitarra: to play the guitar

Ser el bicho raro: to be the weird guy

Escuchar música: to listen to music

Componer canciones: to compose songs

Versiones: covers

Discos de vinilo: vinyl records

Cascos: headphones

Analizar música: to analyse music

Grupo de rock: rock band

Disco: CD

Actuar: to perform

Evento: event

Batería: drummer

Guitarrista: guitar player

Audición: audition

Llegar lejos: to be successful

Instrumentos: instruments

Voces femeninas: female voices

Guitarras eléctricas: electric guitars

Darse por vencida: to give up

Bajo: bass

Ensayar: to practice/rehearse

Concurso de nuevos talentos: emerging talent contest

Camerino: backstage/dressing room

Grabar una canción: to record a song

Esfera del rock: rock scene

Discográfica: record company; record label

Conciertos: shows/concerts

Industria musical: music industry

A pesar de todo esto: despite all that

Jueces: jury

Hacer de tripas corazón: to have the courage to do something

Escenario: stage

Opiniones musicales: musical opinions

Actuación: performance

Darse cuenta de algo: to realize

No dar crédito: to not believe something/to be really surprised about something

HISTOIRE 2: EL CUMPLEAÑOS DE MARÍA (OFICINA Y TRABAJO)
STORY 2: MARIA'S BIRTHDAY (OFFICE AND WORK)

María estaba sentada en la silla de su **despacho** como cualquier otro día normal. Esa mañana era su cumpleaños, pero parecía que nadie se había acordado todavía. Todos sus **compañeros** le habían saludado **como de costumbre**, se habían tomado juntos un café, habían vuelto a trabajar, y luego comerían juntos en el bar de la esquina. En pocas palabras**: el pan de cada día.** Sin embargo, lo que María no se esperaba es que todos sus amigos estaban esperando la llegada de alguien muy especial para darle una magnífica sorpresa. Roger, el novio de María, se había ido de casa hace tres meses porque su **empresa** le había **destinado** a Berlín. ¡Qué sola estaba la casa sin Roger!, y María no esperaba que volviera hasta dos meses después. Pero la verdad era muy diferente: Roger había cogido un avión esa misma mañana para volver a Madrid y darle una sorpresa a María en el trabajo. Los compañeros de María se habían **puesto en contacto** con él y lo habían planeado todo. Solo tenían que esperar a que Roger llegase.

Maria was sitting in her office chair like on any other normal day. It was her birthday today, but it seemed no one had remembered yet. All her colleagues had greeted her as usual, had a coffee together, had returned to work, and then they would eat together in the corner bar. Simply put: daily routine. However, what Maria did not expect was that all her friends were waiting for the arrival of someone very special to give her a wonderful surprise. Roger, Maria's boyfriend, had left home three months ago because his company had sent him to Berlin. How lonely the house was without Roger, and Maria didn't expect him to come back until two months later. But that was not the case: Roger had boarded a plane that same morning to return to Madrid and surprise Maria at work. Maria's colleagues had contacted him and planned everything. They just had to wait for Roger to arrive.

Despacho: office

Compañeros: workmates; colleagues

Como de costumbre: as usual

El pan de cada día: daily routine

Empresa: company

Destinar: to send

Poner en contacto: to get in touch with somebody/to put somebody in touch with somebody else

Justo unos momentos antes de la hora de comer, Roger apareció en la **oficina**, donde **se dio de bruces** con Katy, la mejor amiga de María.

-¡Roger, ya has llegado! ¡Cuánto me alegro de que ya estés aquí! Escóndete rápido, María puede salir de su despacho en cualquier momento y si te viera, le arruinaríamos la sorpresa. – dijo Katy.

Just a few moments before lunchtime, Roger showed up at the office, where he bumped into Katy, Maria's best friend.

"Roger, you're here! I'm so glad you're here! Hide quickly, Maria could come out of her office at any time and if she saw you, we would spoil the surprise," Katy said.

Katy le indicó a Roger que se metiera en una habitación oscura, que **daba la casualidad** de ser la sala de la **fotocopiadora**, donde solo las **secretarias** pueden entrar.

-¡No te preocupes, Roger! Dentro de nada podrás salir, tan solo tienes que esperar un poco a que María termine de hablar por el teléfono con un **cliente** y nos podamos ir a comer – le dijo Katy antes de cerrar la puerta.

Katy told Roger to go into a dark room, which happened to be the photocopier room, where only secretaries can go.

"Don't worry, Roger! You'll soon be able to get out, you just have to wait a bit for Maria to finish talking on the phone with a client and we can go out to eat," said Katy before closing the door.

Oficina: office

Darse de bruces (con alguien): to bump into someone

Dar la casualidad: happened to be

Fotocopiadora: photocopier

Secretaria: secretary

Cliente: client

Pero al contrario, **la espera se hizo eterna** para Roger. Los minutos pasaban y pasaban y nadie le avisaba para que saliera. Había traído consigo un ramo de rosas rojas que había comprado en una floristería antes de llegar. Eran las flores favoritas de María, le iban a encantar; Además, después de la comida con todos sus compañeros, quería llevarla al cine y después a cenar a su restaurante favorito. Justo como solían hacer todos los viernes antes de que Roger tuviera que irse a Berlín. Al cabo de un rato, Katy volvió a aparecer para disculparse y explicarle a

Roger que María no paraba de hablar por teléfono, porque estaba teniendo un **problema** con un cliente que le iba a llevar un poco de tiempo. Pero también le dijo que fuera paciente y que en unos momentos iba a intentar **deshacerse de** ese cliente. Katy intentó por todos los medios que María dejase de hablar con el cliente, hasta que al final cogió ella misma el teléfono, dijo cuatro o cinco palabras y acabó la conversación.

But on the contrary, the wait seemed to last forever for Roger. Minutes passed and passed and no one told him to come out. He had brought a bouquet of red roses with him that he had bought from a florist before arriving. They were Maria's favorite flowers, she was going to love them. Besides, after lunch with her colleagues, he wanted to take her to the movies and then to dinner at her favorite restaurant. Just like they used to do every Friday before Roger had to go to Berlin. After a while, Katy showed up again to apologize and explain to Roger that Maria wouldn't stop talking on the phone, because she was having an issue with a client that was going to take a little time. But she also told him to be patient and that in a few moments she was going to try to get rid of that client. Katy tried her best to stop Maria from talking to the client, until she finally picked up the phone herself, said four or five words and ended the conversation.

La espera se hizo eterna: to wait seemed to last forever

Problema: issue

Deshacerse de: to get rid of

-¿Cómo has hecho eso? ¡Katy, era una cliente **de toda la vida**! – le dijo María en un tono de enfado.

-María, son las tres y media de la tarde, es tu cumpleaños y estamos todos esperando a que termines de hablar por teléfono porque tenemos una sorpresa para ti, que además creemos que te va a gustar bastante. -le respondió Katy en un tono lo más calmado posible.

"Why did you do that, Katy? She was a longstanding client!" Maria said to her angrily.

"Maria, it's half past three in the afternoon, it's your birthday and we're all waiting for you to finish talking on the phone because we have a surprise for you, which we really think you're going to like quite a lot," Katy replied as calmly as possible.

-¿En serio? Pensaba que nadie os habíais acordado de mi cumpleaños ¿Y qué sorpresa es esa? -preguntó María muy intrigada.

-Acompáñame y lo verás.

"Really? I thought no one had remembered my birthday. And what is the surprise?" asked Mary, very intrigued.

"Come with me and you'll see."

De toda la vida: since always

Justo cuando se acercaban al **pasillo** y giraron la esquina, María vio cómo todo el pasillo estaba decorado con motivos de cumpleaños, y todos sus amigos gritaron a la vez "¡Sorpresa!" Justo después, una puerta se abrió **de golpe** delante de ella y apareció la persona a la que más le apetecía ver: Roger. Todos sus amigos aplaudían mientras ellos se abrazaron, y después, todos juntos le cantaron el cumpleaños feliz. María estaba tan emocionada que incluso derramó alguna que otra lágrima de felicidad. No podía creer lo que estaba viendo. En realidad, ¡Ninguno de sus amigos se había olvidado de su cumpleaños! Y lo mejor de todo ¡Roger estaba allí con ella para celebrarlo! Todo parecía perfecto.

Just as they approached the corridor and turned the corner, Maria saw how the whole corridor was decorated with birthday motifs, and all her friends shouted "Surprise!". Suddenly, a door flung open in front of her and there appeared the person who she most wanted to see: Roger. All her friends applauded as they hugged, and then, all together they sang happy birthday to her. Maria was so excited that she even shed a few tears of happiness. She couldn't believe what she was seeing. Actually, none of her friends had forgotten her birthday! And best of all, Roger was there with her to celebrate! Everything seemed perfect.

Pasillo: corridor

De golpe: suddenly

Sin embargo, todo esto cambió **de golpe y porrazo.**

-¿Qué está pasando aquí? – gritó una voz enfurecida que provenía de la puerta de la oficina.

However, this all changed all of a sudden.

"What's going on here?" shouted an enraged voice coming from the office door.

Todos se giraron a la vez y pudieron ver al Sr. Lora entrando por la puerta. El Sr. Lora era el **director** de la empresa, el **jefe** de María y todos sus compañeros, y tenía fama de **no tener muy buenas pulgas**. Todos temían que **regañase** a María y a sus compañeros por aquello que estaban haciendo, y estaban esperando a que en cualquier momento empezase a gritar y se enfadase. Sin embargo, cuando el Sr. Lora vio toda la decoración en el pasillo, y el gran cartel que decía "Feliz cumpleaños, te queremos", se acercó al grupo en silencio y preguntó:

They all turned at once and could see Mr. Lora coming through the door. Mr. Lora was the director of the company, the boss of Maria and all her colleagues, and he had a reputation for not being very friendly. Everyone feared that he would scold Maria and her colleagues for what they were doing, and they were waiting for him to start screaming and getting angry at any moment. However, when Mr. Lora saw all the decor in the hallway, and the big sign that said "Happy Birthday, we love you," he quietly approached the group and asked:

De golpe y porrazo: suddenly

Director: manager; headmaster; director

Jefe: boss

No tener muy buenas pulgas: to not be very friendly

Regañar: to tell someone off

-¿De quién es el cumpleaños hoy?

-Mío, señor. No me esperaba que me hicieran esta sorpresa, discúlpenos. -dijo María asustada.

-¿Y este chico quién es? -dijo el Sr. Lora señalando a Roger con el dedo.

- Este chico es mi novio, Sr. Lora

El jefe de María se acercó a Roger muy despacio y se quedó mirándole a los ojos.

-¿tú trabajas en esta empresa?

-No. -dijo Roger.

"Whose birthday is it today?"

"Mine, sir. I didn't expect them to surprise me like this. Excuse us," said Maria, frightened.

"And who is this guy?" asked Mr. Lora, pointing his finger at Roger.

"He is my boyfriend, Mr. Lora."

Maria's boss approached Roger very slowly and stared into his eyes.

"Do you work in this company?"

"No," said Roger.

Katy se acercó al jefe y le dijo que todo esto había sido una sorpresa para María, porque era el cumpleaños de esta. De repente, al Sr. Lora **le cambió la cara** y se acercó a María para felicitarla. Todo esto fue un **alivio** para el resto de compañeros de María, que pensaban que su jefe les iba a regañar por haber decorado las paredes del pasillo. Cuando terminó de felicitarla, se fue, e inmediatamente todos los amigos se fueron al restaurante al que suelen ir a comer todos los días cuando terminan el trabajo para continuar allí la celebración. En el restaurante, le dieron los regalos a María que le habían comprado entre todos los compañeros, y cuando todo se tenían que ir a sus casas, María se quedó con Roger. Al final, terminaron pasando la velada de un cumpleaños perfecto entre ellos. La velada transcurrió tal y como el novio había previsto. En primer lugar fueron al cine a ver la nueva película que anunciaban en la cartelera, y después a cenar al restaurante favorito de María.

Katy approached the boss and told him that all this had been a surprise for Maria, because it was her birthday. Suddenly, Mr. Lora changed his facial reaction and approached Maria to congratulate her. All this was a relief for the rest of Maria's colleagues, who thought their boss was going to scold them for decorating the walls of the corridor. When he finished congratulating her, he left, and immediately all the friends went to the restaurant where they usually eat every day when they finish work to continue the celebration there. In the restaurant, they gave Maria the gifts the colleagues had bought her between them, and when they all had to go home, Maria stayed with Roger. In the end, they ended up spending the perfect birthday evening together. The evening went just as her boyfriend had planned. First, they went to the movies to see the new movie they saw advertised on the billboard, and then to dinner at Maria's favorite restaurant.

Le cambió la cara: he suddenly became calm

Alivio: relief

Justo después de cenar, Roger le dijo a María que esa no era la última sorpresa de la noche. Aún quedaba una de las sorpresas más grandes para cumpleaños de María. Lo que hizo Roger pues dile a María que, por favor, se tapase los ojos y se asegurase de que no podía ver absolutamente nada. María se fio absolutamente de su novio, se tapó los ojos y se dejó llevar al sitio al que este le había prometido que la llevaría. María simplemente escuchaba **ruidos** de la calle y coches, muchas personas hablando y no le parecía reconocer en qué zona de la ciudad se encontraban en ese preciso momento.

Just after dinner, Roger told Maria that this was not the last surprise of the night. There was still one of Maria's biggest birthday surprises left. Roger did then ask Maria to cover her eyes and make sure she couldn't see anything at all. Maria absolutely trusted her boyfriend, covered her eyes and let herself be taken to the place where he had promised to take her. Maria simply heard noises from the street and cars, many people talking and she didn't seem to recognize which area of the city they were in at that precise moment.

Al cabo de una media hora, en la cual tuvieron que ir en coche durante unos 15 minutos, llegaron por fin al sitio al que tenían que llegar. Este se trataba de un pequeño **local** situado a las afueras de la ciudad. Lo más importante de todo es que dentro estaban todos los amigos de María, pero ella no se esperaba **en absoluto que** estuviesen allí. Roger abrió la puerta del local, que aún estaba con las luces apagadas, y le pidió a María que se quitase la venda de los ojos. Cuando María se quitó la venda, al principio no veía nada debido a la oscuridad que había en el local. Pero de repente, Roger encendió la luz y María pudo ver a todos sus amigos de pie cantándole el cumpleaños feliz.

After half an hour, about 15 minutes of which they were driving in a car, they finally arrived at the place they were going. This was a small place located on the outskirts of the city. The most important thing of all is that all of Maria's friends were inside, but she did not expect them to be there at all. Roger opened the door to the place, where the lights were all off, and asked Maria to remove the blindfold from her eyes. When Maria took off the blindfold, she didn't see anything at first because of the darkness in the place. But suddenly, Roger turned on the light and Maria could see all her friends standing singing happy birthday to her.

Ruidos: noises

Local: local establishment or room

En absoluto: not at all/no way

"¡Sorpresa!" - gritaron todos.

María no daba crédito a lo que veían sus ojos. Si la comida y que hubiera venido su novio ya era de por sí una verdadera sorpresa, la fiesta que le habían preparado no podría habérsela esperado jamás. Allí estaba todo el mundo, los amigos del trabajo, su familia, sus primos a los que veía cada tres meses, sus amigas del colegio e incluso amigos de su novio, con los que tenía también muy buena relación. A la fiesta había venido un DJ que pinchaba el tipo de música que a María le gustaba: El rock. Todo parecía perfecto para María. Sus amigos bailaban, reían y se lo pasaban muy bien. Al cabo de un rato, uno de sus mejores amigos avisó a todo el mundo para que se sentase en el suelo y se callaran. De repente, alguien proyectó un vídeo en la pantalla. En ese vídeo aparecían sus mejores amigos uno por uno haciéndole una pequeña dedicatoria y contando por qué María era una persona tan importante para ellos.

"Surprise!", they all shouted.

Maria couldn't believe her eyes. If the food and the fact that her boyfriend had come wasn't itself already a real surprise, the party they had prepared for her could never have been expected. Everyone was there, her friends from work, her family, her cousins whom she saw every three months, her friends from school and even friends of her boyfriend, with whom she also had a very good relationship. At the party there was a DJ who played the kind of music that Maria liked: Rock. Everything seemed perfect for Maria. Her friends danced, laughed and had a great time. After a while, one of her best friends told everyone to sit on the floor and shut up. Suddenly, someone projected a video on the screen. In that video her best friends appeared one by one making a small dedication and saying why Maria was such an important person to them.

María no podía dejar de llorar de felicidad en ese momento. La mejor parte fue la de su novio, y después fue a abrazarle y darle las gracias por todas las sorpresas que le había dado en su cumpleaños.

Maria couldn't stop crying with happiness at that moment. The best part was her boyfriend's, and then she went to hug him and thank him for all the surprises he had given her on her birthday.

Vocabulary Recap

Despacho: office

Compañeros: workmates; colleagues

Como de costumbre: as usual

El pan de cada día: daily routine

Empresa: company

Destinar: to send

Poner en contacto: to get in touch with somebody/to put somebody in touch with somebody else

Oficina: office

Darse de bruces (con alguien): to bump into someone

Dar la casualidad: happened to be

Fotocopiadora: photocopier

Secretaria: secretary

Cliente: client

La espera se hizo eterna: to wait seemed to last forever

Problema: issue

Deshacerse de: to get rid of

De toda la vida: since always

Pasillo: corridor

De golpe: suddenly

De golpe y porrazo: suddenly

Director: manager; headmaster; director

Jefe: boss

No tener muy buenas pulgas: to not be very friendly

Regañar: to tell someone off

Le cambió la cara: he suddenly became calm

Alivio: relief

Ruidos: noises

Local: local establishment or room

En absoluto: not at all/no way

HISTOIRE 3: HISTORIA DE UN AEROPUERTO (VIAJES Y AEROPUERTOS) STORY 3: STORY OF AN AIRPORT (TRIPS AND AIRPORTS)

Lorena y Juan caminan por la **terminal** de Barajas sin decirse ni una palabra. La gente en el **aeropuerto** va muy deprisa, parece que incluso van agobiados con sus **maletas** en la mano y corriendo a todos lados. Parece que todo el mundo tiene algo muy importante que hacer o un sitio muy importante al que ir. Sin embargo, ver a la gente correr de un lado a otro con tanta prisa, estaba haciendo la situación más difícil. El motivo por el que Lorena y Juan están allí es porque Juan tiene que coger urgentemente un **vuelo** hasta California para un **asunto** en el que está trabajando y al que le ha enviado su jefe a trabajar personalmente. Desde que se han bajado del taxi ninguno ha abierto la boca. El único que ha pronunciado las palabras ha sido Juan, para darle la información de su vuelo a la chica que tenía que **registrar sus maletas.**

Lorena and Juan walk through the Barajas terminal without saying a word to each other. People at the airport are moving very fast, and it seems that they are overwhelmed with their suitcases in their hands and running everywhere. It seems like everyone has something very important to do or a very important place to go. However, seeing people run from one side to the other in such a hurry was making the situation more difficult. The reason Lorena and Juan are there is because Juan urgently has to catch a flight to California for an issue that he is working on and on which his boss has sent him to work personally. Since they got out of the cab, neither of them has opened their mouth. The only one who said any words was Juan, to give his flight information to the girl who had to check in his luggage.

Terminal: terminal

Aeropuerto: airport

Vuelo: flight

Asunto: issue

Registrar maletas: to check in the luggage

- Bueno, creo que es aquí cuando deberíamos decirnos adiós. Dijo Lorena- espero que tengas un vuelo agradable y que me llames en el momento en el que **aterrices**, por favor.

“Well, I think this is where we should say goodbye,” Lorena said. “I hope you have a pleasant flight and call me the moment you land, please.”

- Muchas gracias- responde Juan- de verdad, Lorena, no sé qué haría sin ti. Gracias por haber venido al aeropuerto conmigo. Es muy importante para mí que estés en el momento que quiero **despedirme** el país en el que he estado viviendo toda mi vida. Además, tú sabes que en estas situaciones me pongo muy nervioso y es importante para mí que me acompañes justo antes de un vuelo.

"Thank you very much," answers Juan. "Really, Lorena, I don't know what I would do without you. Thank you for coming to the airport with me. It is very important to me that you are here when I want to say goodbye to the country I have been living in all my life. Besides, you know that in these situations I get very nervous and it is important for me that you're with me just before a flight."

Cualquier persona se habría dado cuenta de que Lorena está haciendo un **esfuerzo** muy grande para poder sonreír. Le da muchísima pena que Juan se vaya. Es un momento muy duro y muy difícil para ella, pero no quiere que la situación se ponga triste y crear un momento desagradable, así que intenta sacar la mejor de sus sonrisas, le da un abrazo y comienza a caminar hacia la puerta del aeropuerto. Cuando lleva unos segundos andando de repente escucha la voz de Juan detrás de ella.

Anyone could have noticed what a big effort Lorena's making to smile. She's really sorry that Juan's leaving. It's a very hard and very difficult time for her, but she doesn't want the situation to turn sad and into an unpleasant moment, so she tries to give the biggest of her smiles, gives him a hug and starts walking towards the airport door. When she's been walking for a few seconds, she suddenly hears Juan's voice behind her.

Aterrizar: to land

Despedirse: to say 'goodbye'

Esfuerzo: effort

- Lorena ¿Puedes esperar unos minutos? Todavía tengo tiempo para que salga mi **avión**.

Lorena mira hacia atrás y le dice - lo siento, Juan, debería irme. Al final voy a terminar llegando tarde al trabajo. - la verdad es que no era cierto que fuese a llegar tarde al trabajo, pero en ese momento no se le ocurrió una **excusa** mejor para irse de allí, porque necesitaba irse y no ver ese triste momento.

"Lorena, can you wait a few minutes? I still have time before my plane leaves."

Lorena looks back and says, "I'm sorry, Juan, I should go. I'm going to end up late for work." The truth is that she was not going to be late for work, but at that moment, she could not come up with a better excuse to leave there, because she needed to leave and not show how sad she was feeling at that moment.

- Por favor- dijo Juan- tengo algo que necesito decirte y no puede esperar hasta que vuelva del viaje, sería demasiado tiempo. ¿Podrías escucharme durante unos minutos? –

Lorena le dijo que sí **asintiendo** con la cabeza y le informó de que tenía poco tiempo, así que le pidió que resumiera lo que quería decir en 2 minutos.

"Please," said Juan, "I have something I need to tell you and it can't wait until I get back from the trip, it would be too long. Could you listen to me for a few minutes?"

Lorena nodded her head and informed him that she had little time, so she asked him to summarize what he wanted to say in 2 minutes.

Avión: plane

Excusa: excuse

Asentir: to nod

- Lorena, ya sé estás enfadada conmigo acerca de... Bueno... Todo lo que ha pasado entre nosotros en los últimos 10 años, o incluso tal vez más.- dijo Juan

-¿Pero qué te ha hecho creer eso? - Dijo Lorena **sarcásticamente**, porque era **evidente** que sí estaba enfadada con él.

"Lorena, I know you're mad at me about... well... everything that has happened between us in the last 10 years, or maybe even more," said Juan.

"But what made you think that?" Lorena asked sarcastically, because it was obvious that she was angry with him.

Juan entendió el comentario sarcástico e intentó pedirle a Lorena y decirle que lo sentía mucho. A todo esto, Lorena **puso los ojos en blanco** y dijo lo siguiente:

-¿Perdón por todo? Quizás tendrías que ser un poco más específico. ¿A qué de todo te refieres? ¿Te refieres a las veces que me has usado y has roto mi corazón, o te refieres al hecho de que ahora está saliendo con la mujer que me ha arruinado la vida? ¿Quieres que continúe hablando o ya te sabes la historia de memoria, verdad?

Juan understood the sarcastic remark and tried to ask Lorena and tell her he was very sorry. To all this, Lorena rolled her eyes and said:

"Sorry about everything? Maybe you should be a little more specific. What do you mean, the times you've used me and broken my heart, or the fact that you are now dating the woman who has ruined my life? You want me to keep talking or you already know the story by heart, right?"

Sarcásticamente: sarcastically

Evidente: evident

Poner los ojos en blanco: to roll one's eyes

- No, por favor, Lorena. Ya sé cuánto daño te he hecho. He sido la peor persona del mundo y me he comportado como no debía. Lo único que quiero que sepas es que a partir de ahora voy a empezar a ser una persona diferente. Carolina y yo hemos terminado, ya no estamos juntos. Esto es porque me he dado cuenta de que ahora tú eres la única persona que importa para mí. Siempre has estado ahí para **apoyarme**. Cada vez que tenga un mal día, cada vez que estaba triste o estaba enfadado, incluso veces que no me merecía tu presencia y tu atención. Siempre has estado ahí cuando te he necesitado y no puedo darte las gracias por ello, porque nunca nadie me ha tratado de la manera que me tratas tú. Ha sido justo ahora cuando me he dado cuenta de que nosotros **estamos hechos el uno para el otro**.

"No, please, Lorena. I know how much damage I've done to you. I've been the worst person in the world and I've shouldn't have behaved as I have. All I want you to know is that from now on I'm going to start being a different person. Carolina and I are done, we're not together anymore. This is because I've realized that now you're the only person that matters to me. You've always been there for me. Every time I had a bad day, every time I was sad or angry, even times I didn't deserve your presence and your attention. You've always been there when I needed you and I can't thank you enough for it, because no one has ever treated me the way you treat me. It's just now that I've realized that we're made for each other."

-¿Entonces Carolina te ha dejado y ahora me quieres otra vez? - dijo Lorena - esa historia me suena muy familiar, ¿No te das cuenta de que siempre haces lo mismo? Por favor, háblame cuando vuelvas de tu **viaje**, porque estoy segura de que en California encontrarás a alguien y probablemente retires todo lo que acabas de decir.

"So Carolina left you and now you love me again?" Lorena said. "That story sounds very familiar, don't you realize that you always do the same thing? Please talk to me when you get back from your trip, because I'm sure you'll find someone in California and will probably take back everything you just said."

Apoyarme: to support me

Estar hechos el uno para el otro: to be made for each other

Viaje: trip

- No, Lorena, te equivocas -dijo Juan- yo dejé a Carolina hace más de un mes. No te dije nada de esto porque no quería que pensases que te estaba usando de nuevo, justo como estás pensando ahora mismo. He tenido mucho tiempo para pensar y para **darme cuenta** de las cosas **tal y como son**. También he pensado en mis sentimientos, y ahora estoy totalmente seguro de quién es la persona con la que quiero estar. Eres tú, siempre has sido tú. Mi único problema es que yo siempre he sido demasiado **tonto** como para darme cuenta. Espero que algún día puedas darte cuenta y puedas volver a quererme de nuevo.

"No, Lorena, you're wrong," said Juan. "I left Carolina more than a month ago. I didn't tell you about this because I didn't want you to think I was using you again, just like you're thinking right now. I've had a lot of time to think and realize how things are. I've also thought about my feelings, and now I'm absolutely sure who the person I want to be with is. It's you, it's always been you. My only problem is that I've always been too dumb to realize. I hope someday you can realize it and you can love me again."

El corazón de Lorena empezó a latir muy rápido, pero ella intento **mantener la calma**. Mira - dijo ella - pareces estar un poco confundido, lo que deberías hacer es ir a tu viaje y tomarte estos tres meses para pensar en lo que quieres de verdad, y ver si todavía sientes lo mismo por mí cuando vuelvas. Esa es la única **prueba** que necesito para saber que estás diciendo la verdad. Yo simplemente no quiero volver a pasar por lo mismo que la última vez.

Lorena's heart started beating very fast, but she tried to stay calm. "Look," she said, "you seem a little confused. What you should do is go on your trip and take these three months to think about what you really want, and see if you still feel the same for me when you get back. That's the only proof I need to know you're telling the truth. I just don't want to go through what I went through last time."

Darse cuenta: to realize

Tal y como son: just as they are

Tonto: silly

Mantener la calma: to keep calm

Prueba: proof

- Yo quería esperar hasta mi regreso pero algo me dice que tengo que decirlo ahora. No quiero volver de California y darme cuenta de que no es demasiado tarde, así que voy a tener que pedirte que por favor, te cases conmigo, Lorena. Si ahora mismo pudieras perdonarme con todas las veces que te he hecho daño te juro que usaré el resto de mi vida para tratar de **compensarte**.

"I wanted to wait until I got back but something tells me I have to say it now. I don't want to come back from California and realize it's too late, so I'm going to have to ask you to please marry me, Lorena. If you could forgive me right now for all the times I've hurt you, I swear I'll use the rest of my life trying to make it up to you. "

- Entiendo que eso te haya **pillado un poco por sorpresa**, pero esperaba decírtelo justo cuando volviera del viaje. Lo siento si no es el mejor momento, pero no podía subirme al avión sin haberte dicho lo que siento.

Lorena, que al principio no podía hablar debido a la emoción le dijo que necesitaba un poco de tiempo para poder asimilar todo lo que había pasado, y que no quería que éste perdiera su vuelo.

"I understand that this has caught you a little bit by surprise, but I was hoping to tell you when I got back from the trip. I'm sorry if it's not the best time, but I couldn't get on the plane without telling you how I feel."

Lorena, who at first could not speak because of the emotion, told him that she needed a little time to be able to assimilate everything that had happened, and that she did not want him to miss his flight.

-¡**Al infierno con el vuelo**! -dijo Juan- puedo coger otro avión perfectamente, incluso puedo conseguir otro trabajo, pero no puedo volver a encontrar otra chica como tú. Necesito que me des tu respuesta ahora mismo.

"To hell with the flight! I can take another plane, I can even get another job, but I can't find another girl like you again. I need you to give me your answer right now."

Compensar: to compensate

Pillar por sorpresa: to catch someone by surprise

¡Al infierno con...!: to hell with...!

Lorena **se hizo un poco de rogar** y le dijo " no seas tonto" moviendo la cabeza de un lado a otro y sonriendo. - no te voy a dar una respuesta aquí y ahora en el aeropuerto, de todas maneras. No me parece el lugar ni el momento adecuado para darte una respuesta a la pregunta más importante de mi vida. Significa mucho para mí que hayas querido hacerme esta pregunta, pero lo mejor ahora mismo va a ser que te subas al avión y hablemos cuando vuelvas. ¿Te parece bien?- E inmediatamente se diera un largo abrazo. Juan le prometí a Lorena que iba a venir todos los fines de semana para que pudieran verse y pasar tiempo juntos, y después de eso, se fue hacia su **puerta de embarque**.

Lorena begged a little and said, "Don't be silly," moving her head back and forth and smiling. "I'm not gonna give you an answer here and now at the airport, anyway. I don't think it's the right place or time to give you an answer to the most important question of my life. It means a lot to me that you wanted to ask me this question, but the best thing right now is for you to get on the plane and let's talk when you get back. Is that all right with you?" And she immediately gave him a long hug. Juan promised Lorena that he would come back every weekend so they could see each other and spend time together and, after that, he went to his departure gate.

Hacerse de rogar: make someone ask you several times

Puerta de embarque: departure gate

Lorena se limpió una lágrima mientras miraba como se iba. Jamás se imaginó que un día como ese fuese a acabar de una manera tan peculiar, pero el simple hecho de pensarlo no podía hacerla más feliz. Estamos a martes. Desgraciadamente, aún quedan tres días enteros para que puedan volver a verse. Pero mientras pensaba en lo felices que iban a ser cuando volvieran, se encaminó a la **salida** de la terminal del aeropuerto. Al poner el primer pie en la calle, Lorena no pudo contener por un momento más sus emociones y **rompió a llorar** de alegría. Inmediatamente se acercó a la parada de bus y cogió el primero que iba en dirección a su ciudad. Al verla llorar, el conductor le preguntó qué le pasaba. Ella se limpió las lágrimas y le dijo que, aunque lloraba, no podía ser más feliz, porque esa mañana se había levantado sin tener ninguna idea de qué iba a casarse con el amor de su vida.

Lorena wiped a tear from her eyes as she watched him leave. She never imagined that such a day would end in such a peculiar way, but just thinking about it could not make her happier. It's Tuesday, unfortunately, there are still three full days left before they can see each other again. But while thinking about how happy they would be when he returned, she made her way to the airport terminal exit. As soon as Lorena set foot on the street, she couldn't hold back her emotions anymore and burst into tears of joy. Immediately she approached the bus stop and took the first one heading towards the city. When the driver saw her crying, he asked her what was wrong with her. She wiped her tears and told him that although she was crying, she couldn't be happier, because that morning she had woken up with no idea she was going to marry the love of her life.

Salida: exit

Romper a llorar: to start crying

Vocabulary Recap

Terminal: terminal

Aeropuerto: airport

Vuelo: flight

Asunto: issue

Registrar maletas: to check in the luggage

Aterrizar: to land

Despedirse: to say 'goodbye'

Esfuerzo: effort

Avión: plane

Excusa: excuse

Asentir: to nod

Sarcásticamente: sarcastically

Evidente: evident

Poner los ojos en blanco: to roll one's eyes

Apoyarme: to support me

Estar hechos el uno para el otro: to be made for each other

Viaje: trip

Darse cuenta: to realize

Tal y como son: just as they are

Tonto: silly

Mantener la calma: to keep calm

Prueba: proof

Compensar: to compensate

Pillar por sorpresa: to catch someone by surprise

¡Al infierno con...!: to hell with...!

Hacerse de rogar: make someone ask you several times

Puerta de embarque: departure gate

Salida: exit

Romper a llorar: to start crying

HISTOIRE 4: EL MONSTRUO DE DEBAJO DE LA CAMA (SUEÑOS Y PESADILLAS)
STORY 4: THE MONSTER UNDER THE BED (DREAMS AND NIGHTMARE)

Como todas las noches, su madre se despide de él dándole un **beso de buenas noches** y justo antes de cerrar la puerta de su habitación, le desea que tenga buenas noches y que **sueñe** con cosas bonitas. Benjamín se va a dormir como todos los días y no tarda mucho en **conciliar el sueño.** Sin embargo, en mitad de la noche se encuentra en la mitad de un **sueño placentero**, cuando de repente en él aparece algo muy desagradable. Benjamín empieza a retorcerse en la cama, tratando de salir de ese sueño. Pero no puede salir y despertarse, entonces empieza a gritar desesperadamente.

Like every night, his mother says goodbye to him by kissing him good night and, just before closing the door to his room, she wishes him good night and sweet dreams. Benjamin goes to sleep like every day and it doesn't take him long to fall asleep. However, in the middle of the night he finds himself in the middle of a pleasant dream, when suddenly something very unpleasant appears in it. Benjamin starts squirming in bed, trying to get out of that dream. But he can't get out and wake up, so he starts screaming desperately.

beso de buenas noches: goodnight kiss

Soñar: to dream

Conciliar el sueño: to fall asleep

Sueño placentero: pleasant dream

En cuanto escucha el primero de sus gritos, su madre **salta alarmada de la cama,** y se dirige a la habitación de su hijo para comprobar que todo va bien. Benjamín no para de **gritar**, y su madre entra de repente a su habitación, intentando averiguar qué ocurre. Es de repente, en ese momento, cuando Benjamín se da cuenta de que todo ha sido una **pesadilla** y de que está despierto y en su cama. Su madre se sienta en el lateral de su cama y le seca la frente **sudorosa**. Intenta tranquilizarle diciéndole que ella está allí y que no puede pasar nada malo, intenta hacerle entender que ha vuelto a tener otra vez una horrible pesadilla. Benjamín le dice a su madre que tiene miedo de dormirse y que vuelva a aparecer el **monstruo** otra vez. "Cariño, los monstruos no existen. Y si existen, yo mataré monstruos por ti" esa es la frase que le decía su madre todas las noches que no podía volver a dormir después de haber tenido una mala pesadilla como esta vez. Se trataba del mismo sueño de siempre.

As soon as she hears the first of his cries, his mother jumps out of bed and goes to her son's room to check that everything is all right. Benjamin keeps screaming, and his mother suddenly enters his room, trying to figure out what's going on. It is at that moment that Benjamin realizes that everything has been a nightmare and that he is awake and in his bed. His mother sits on the side of his bed and wipes his sweaty forehead. She tries to reassure him that she is there and that nothing bad can happen, and he tries to make her understand that he has had a horrible nightmare again. Benjamin tells his mother that he is afraid to fall asleep and that the monster will appear again. "Honey, monsters don't exist. And if they do, I'll kill monsters for you," is the phrase his mother told him every night that he couldn't go back to sleep after having a bad nightmare like this one. It was the same old dream.

Saltar alarmado de la cama: to jump out of bed

Gritar: to scream

Pesadilla: nightmare

Sudoroso: sweaty

Monstruo: monster

Para Benjamín era una rutina que al menos, una vez al mes, soñarse que hay un monstruo debajo de la cama que está esperando para que se quede dormido para **atacarle**. Este monstruo es de color azul y en realidad es un animal marino muy **extraño**. Ha soñado tantas veces con este monstruo que incluso le ha puesto nombre. Se llama Billy. En sus sueños, Billy nunca ha llegado a **capturarle**, pero Benjamín sabe perfectamente que lo que este monstruo quiere es llevárselo al mar para que viva toda la vida alejado de sus padres y sus amigos. Es por esto que hay muchas veces en las que a Benjamín le cuesta mucho dormirse, ya que el monstruo marino va a estar esperándole debajo de su cama y en el momento en el que cierra los ojos va a secuestrarle.

For Benjamin it happened at least once a month, a dream that there is a monster under the bed waiting for him to fall asleep to attack him. This monster is blue and is really a very strange marine animal. He has dreamt so many times about this monster that he has even given it a name. His name is Billy. In his dreams, Billy has never captured him, but Benjamin knows perfectly well that what this monster wants is to take him to the sea so that he can live his whole life away from his parents and friends. This is why there are many times when Benjamin finds it hard to sleep, as the sea monster will be waiting for him under his bed and, the moment he closes his eyes, he will kidnap him.

Atacar: to attack

Extraño: weird; strange

Capturar: to capture

Secuestrar: to kidnap

Su madre sabe todo lo que le está pasando a su hijo y hay muchas veces que se queda con él en la cama hasta que este es capaz de dormirse. Benjamín siempre le dice a su madre que si está ella a su lado, Billy no aparecerá, porque Billy **tiene miedo** de su madre porque es una persona mayor. En realidad, en los sueños de Benjamín, Billy es un monstruo muy jovencito, casi un bebé, pero tiene el tamaño de los **dragones** que nos imaginamos los cuentos. Su madre siempre le dice a Benjamín que debería intentar dormirse porque si no, a la mañana siguiente estará muy cansado para ir a la escuela y realizar los deberes de cada día. Pero como a Benjamín le cuesta mucho dormirse, su madre ha decidido llevarlo a un psicólogo de vez en cuando para que esté le ayude con sus problemas.

His mother knows everything that is happening to her son and there are many times she stays with him in bed until he is able to fall asleep. Benjamin always tells his mother that if she is by his side, Billy will not appear, because Billy is scared of his mother because she is an older person. Actually, in Benjamin's dreams, Billy is a very young monster, almost a baby, but he's the size of the dragons we imagine in stories. Benjamin's mother always tells him that he should try to fall asleep, otherwise the next morning he'll be too tired to go to school and do his homework every day. But Benjamin has a hard time falling asleep, so his mother has decided to take him to a psychologist from time to time to help him with his problems.

Tener miedo: to be scared of

Dragones: dragons

El primer día de psicólogo, Benjamín no entiende que está haciendo en ese sitio. Hay mucha gente a su alrededor que le mira porque es un niño muy pequeño para estar en un sitio tan diferente. Inmediatamente, apareció una enfermera que preguntó por el nombre del pequeño y le pidió que le acompañara a una sala en la que iba a estar con muchos más niños de su edad. En esa sala se encontró con dos chicas estaban también cada una con su madre. Una de ellas, se enteró de que tampoco podía dormir por las noches porque tenía un sueño muy parecido al suyo, pero en lugar de ser un monstruo, era un **fantasma** con la **sábana** verde que quería meterla dentro de un armario y que no volviera a salir. Cuando Benjamín se dio cuenta de que había muchos niños que tenían el mismo problema que él, se tranquilizó mucho. Esperó pacientemente con su madre a que el médico le llamará para entrar a la sala, y al cabo de un rato apareció el doctor Ramírez. Este señor le pidió a la madre de Benjamín que por favor le dejase entrar a él solo, porque ya era un niño mayor y tenía que aprender a **superar sus miedos** solo. Cuando entraron a la sala, Benjamín se sentó en una silla de plástico cerca de una mesa de madera en la que se sentó el doctor.

The first day of seeing a psychologist, Benjamin doesn't understand what he's doing in that place. There are many people around him who look at him because he is too young to be in such a different place. Immediately, a nurse appeared and asked for the child by name and asked that he accompany her to a room where he would be with many more children his age. In that room he met two girls who were also with their mother. One of them found out that he couldn't sleep at night either because he had a dream very similar to hers, but instead of being a monster, it was a ghost with a green sheet that wanted to put her in a closet and never let her out again. When Benjamin realized that there were many children who had the same problem as him, he became very calm. He waited patiently with his mother for the doctor to call him to enter the room, and after a while Dr. Ramirez appeared. This gentleman asked Benjamin's mother to please let him come in alone, because he was an older child and had to learn to overcome his fears alone. When they entered the room, Benjamin sat on a plastic chair near a wooden table where the doctor sat.

Fantasma: ghost

Sábana: bed sheet

Superar los miedos: to face/overcome one's fears

- Bueno, pequeño, cuéntame cuál es ese sueño horrible con el que dice tu madre que no puedes dormir.

Benjamín le contó toda la historia y estuvieron hablando durante unas horas de ese monstruo. La propuesta del psicólogo fue bastante fácil, le pidió a Benjamín que por favor, la próxima vez que tuviera un sueño así, se acordase de preguntarle al monstruo por qué quería llevárselo al mar.

"Well, little one, tell me about that horrible dream your mother says stops you sleeping."

Benjamin told him the whole story and they were talking for a few hours about that monster. The psychologist's proposal was quite easy. He asked Benjamin please, the next time he had such a dream, to remember to ask the monster why he wanted to take him to the sea.

El niño salió de la consulta muy contento porque, al final, había encontrado a una persona que le iba a ayudar a **superar** esas pesadillas. Unos pocos días después, Billy volvió a aparecer debajo de la cama cuando Benjamín ya se había dormido. Esta vez, en su sueño, en vez de esconderse debajo de las sábanas, Benjamín se puso de pie y se acercó a la cama. -¿porqué quieres llevarme contigo, Billy?- le preguntó Benjamín.

The boy left the office very happy because, in the end, he had found a person who was going to help him overcome those nightmares. A few days later, Billy reappeared under the bed after Benjamin had fallen asleep. This time, in his dream, instead of hiding under the sheets, Benjamin stood up and approached the bed. "Why do you want to take me with you, Billy?" Benjamin asked.

Superar: to face something

Al principio el monstruo no respondía, así que Benjamín le pidió que por favor no fuese tan **tímido**. El monstruo salió de debajo de la cama, donde estaba **escondido**, y cuando éste salió, Benjamín pudo **darse cuenta** de qué se trataba de un monstruo del tamaño de un **peluche**, pero él siempre le había tenido tanto miedo que se lo imaginaba como el más grande de los dragones. Nada más lejos de la realidad, Billy era en realidad un monstruo muy pequeño y muy bonito, de un color azul y morado con un montón de pelo y unos ojos muy grandes. Benjamín dejo de tener miedo en ese instante y le pregunto otra vez por qué quería llevárselo al mar contigo. El monstruo volvió a acercarse al niño, y le dijo que no podía decírselo a nadie.

At first, the monster didn't respond, so Benjamin asked him to please not be so shy. The monster came out from under the bed, where it was hiding, and when it came out, Benjamin realized that the monster was teddy bear-sized, but he had always been so afraid of it that he imagined it to be the greatest dragon. Nothing could be further from the truth, Billy was actually a very small and very pretty monster, blue and purple with a lot of hair and very big eyes. Benjamin stopped being afraid at that moment and asked him again why he wanted to take him to the sea. The monster approached the boy again, and told him he couldn't tell anyone.

Tímido: shy

Esconder: to hide

Darse cuenta: to realise

Peluche: teddy bear

- Pero yo sé guardar muy bien un secreto - dijo Benjamín.

- Está bien- dijo el monstruo- te lo contaré: Desde hace un tiempo, hay unos pescadores que han venido a instalarse en nuestra parte del mar. Esto ha provocado que un montón de familias de monstruos se hayan ido a vivir a otros países marinos, y todos mis amigos se han mudado con sus padres. Ahora mismo estoy solo, y únicamente estoy despierto por la noche, así que me **aburro** mucho porque no tengo más amigos para jugar. Pero un día te vi en el parque de al lado de tu casa y me di cuenta de que estabas jugando con un montón de otros niños. Entonces empecé a echar de menos las tardes en las que jugaba con mis amigos, y se me ocurrió que si te raptaba alguna que otra noche, a lo mejor yo te gustaba y querías hacerte mi amigo para jugar conmigo. Lo siento mucho si te he **asustado**, nunca ha sido esa mi intención, lo que pasa es que soy muy tímido y no sabía cómo hacer para salir de debajo de la cama. Pensaba que como era un monstruo no ibas a querer jugar conmigo y me ibas a **tener miedo**.

"But I know how to keep a secret very well," said Benjamin.

"All right," said the monster, "I'll tell you. For some time now, there have been fishermen who have come to settle in our part of the sea. This has caused a lot of monster families to move to other marine countries, and all my friends have moved with their parents. Right now I'm alone, and I'm only awake at night, so I get really bored because I don't have anymore friends to play with. But one day I saw you in the park next to your house and I realized you were playing with a bunch of other kids. Then I started to miss the afternoons I played with my friends, and it occurred to me that if I kidnapped you some nights, maybe you'd like me and want to become my friend, to play with me. I'm sorry if I frightened you, I never intended to, but I'm very shy and I didn't know how to get out from under the bed. I thought since I was a monster you wouldn't want to play with me and you'd be afraid of me."

Aburrirse: to get bored

Asustado: frightened

Tener miedo: to be frightened

-¡Por supuesto que no! - dijo Benjamín - al principio me daba mucho miedo porque no sabía quién eras y tampoco sabía lo que querías, pero ahora que lo sé, ya no te tengo miedo, así que si quieres, me puedes llevar al mar para que juguemos un rato, pero tienes que prometer que me devolverás a la habitación a la mañana siguiente. Billy y él firmaron el trato y el monstruo le llevó hasta el mar. Una vez que estuvieron allí, encontraron un montón de maneras para poder divertirse juntos. Jugaron a un montón de cosas.

"Of course not!" Benjamin said. "At first I was very scared because I didn't know who you were and I didn't know what you wanted either, but now that I know, I'm not afraid of you anymore, so if you want, you can take me to the sea to play for a while, but you have to promise that you'll send me back to the room the next morning." He and Billy signed the deal and the monster took him to the sea. Once they were there, they found a lot of ways to have fun together. They played with a lot of things.

Además, a Benjamín le vino muy bien para aprender sobre el mundo marino. Cuando sonó el reloj de la mesilla de la habitación de Benjamín, el monstruo y él tuvieron que despedirse de una manera muy rápida, y a Benjamín le dio muchísima pena el no haberse dado cuenta antes, porque esa noche se lo había pasado realmente bien, así que acordaron volver a verse como siempre una vez al mes, pero esta vez sería bastante diferente, porque en lugar de ser una pesadilla, sería un sueño.

In addition, Benjamin did very well to learn about the marine world. When the clock rang on Benjamin's bedroom nightstand, he and the monster had to say goodbye very quickly, and Benjamin was very sorry he hadn't realized sooner, because that night had been really good, so they agreed to see each other again as usual once a month, but this time it would be quite different, because instead of being a nightmare, it would be a dream.

Vocabulary Recap

Beso de buenas noches: goodnight kiss

Soñar: to dream

Conciliar el sueño: to fall asleep

Sueño placentero: pleasant dream

Saltar alarmado de la cama: to jump out of bed

Gritar: to scream

Pesadilla: nightmare

Sudoroso: sweaty

Monstruo: monster

Atacar: to attack

Extraño: weird; strange

Capturar: to capture

Secuestrar: to kidnap

Tener miedo: to be scared of

Dragones: dragons

Fantasma: ghost

Sábana: bed sheet

Superar los miedos: to face/overcome one's fears

Superar: to face something

Tímido: shy

Esconder: to hide

Darse cuenta: to realise

Peluche: teddy bear

Aburrirse: to get bored

Asustado: frightened

Tener miedo: to be frightened

HISTOIRE 5: LA GALLINA DE LA ANCIANA (COMIDAS Y COCINA)
STORY 5: THE OLD WOMAN'S HEN (FOOD AND KITCHEN)

Esta vez nuestra historia se sitúa en un pequeño pueblecito cercano al Tíbet. En este pueblo, vivía una anciana a la que le encantaba y tenía por costumbre **cenar** un **huevo** todos los días. No quería **pollos** ni **corderos asados**, tampoco ningún tipo de **verduras**, ni **dulces**. Sólo un único huevo antes de acostarse. Cada mañana, a paso lento y valiéndose de un bastón fabricado con un palo, se dirigía al mercado para comprar un blanquísimo y delicioso huevo de corral que por la noche saboreaba como si fuera el más exquisito **caviar**. Llevaba haciendo eso toda la vida, desde que se había quedado viuda e incluso antes de tener a sus hijos. Todos los días desde hacía años se había ido al pueblo cada mañana en busca de un huevo para cenar por la noche.

This time our story takes place in a small town near Tibet. In this town, there lived an old woman who loved it and was in the habit of eating an egg every day. She didn't want roast chicken or lamb, nor any kind of vegetable, nor sweets. Just one egg before bedtime. Every morning, at a slow pace and using a cane made from a stick, she went to the market to buy a very white and delicious poultry egg that at night she savored as if it were the most exquisite caviar. She had been doing that all her life, ever since she was widowed and even before she had her children. Every day for years, she had gone to town every morning in search of an egg for dinner at night.

Cenar: to have dinner

Huevo: egg

Pollo: chicken

Cordero asado: roasted lamb

Verduras: vegetables

Dulces: sweets

Caviar: caviar

El tiempo fue pasando y, al final, llegó un día en que las piernas, debido a su avanzada edad, empezaron a **flaquearle**. Además, su casa se encontraba en lo alto de una **colina**, y eso significaba que tenía que andar largas caminatas cuesta arriba y cuesta abajo para llegar al **mercado**, sus piernas y sus rodillas no podían soportar mas esos viajes matutinos al mercado. Tener que caminar tanto le resultaba agotador.

Por esta razón, decidió romper la hucha de barro que guardaba en un cajón con sus ahorros más preciados y, con sus escasos ahorros, se decidió a comprar una **gallina**.

Time passed and, finally, a day came when her legs, due to her old age, began to get weaker. In addition, her house was at the top of a hill, and that meant that she had to take a long walk downhill and uphill to go to the market, and her legs and knees could no longer withstand those morning trips to the market. Having to walk so much was exhausting. For this reason, she decided to break the clay piggy bank that she kept in a drawer with her most precious savings, and with her little savings, she decided to buy a hen.

Flaquear: to get weaker

Colina: hill

Mercado: market

Gallina: hen

– ¡Es un plan perfecto! - pensó la anciana- **Cuidaré** y mimaré a la gallina para que cada día me regale un huevo para cenar ¡Ya estoy muy mayor para ir al pueblo cada día!, y tampoco estaría mal tener algo de compañía de vez en cuando, porque últimamente mis hijos no viene mucho a visitarme y me suelo encontrar un poco sola. Esta será la mejor manera de pasar mis días entretenida, cuidando de un animal que cada mañana me dará mi tan ansiada cena de cada noche. Efectivamente, así lo hizo. Esa mañana se dirigió al mercado como todos los días pero con la **esperanza** de no tener que volver más. Los vecinos se quedaron muy extrañados de verla pasar de la tienda de huevos, e ir directa a la tienda de animales, ya que ella nunca compraba **carne** para la hora de cenar. Una vez que llego a la **tienda**, entabló una conversación con el vendedor, al cual conocía porque había sido el mejor amigo de su hijo de toda la vida, y este le recomendó a la mejor gallina del lugar por ser una persona de tanta confianza para él. Así que la anciana le dio sus ahorros, y se llevó la gallina y regresó a casa.

"It's a perfect plan!" the old woman thought, "I will take care and pamper the hen so that every day she gives me an egg for dinner. I'm too old to go to town every day, and it wouldn't hurt to have some company from time to time, because lately my children don't come much to visit me and I usually find myself a little alone. This will be the best way to spend my days and be entertained, taking care of an animal that every morning will give me my longed-for dinner every night. Indeed, she did. That morning she went to the market like every day but hoping not to have to come back. The neighbors were very surprised to see her pass the egg store, and go straight to the pet store, as she never bought meat for dinner. Once she arrived at the store, she started a conversation with the salesman, whom she knew because he had been her son's best friend all his life, and he recommended to her the best hen in the place because he was such a trustworthy person. So, the old woman gave him her savings, and took the hen and went home.

Cuidar: to take care of

Esperanza: hope

Carne: meat

Tienda: shop

La gallina, que **de tonta no tenía un pelo**, se acostó en un rincón de la cocina donde había un suave cojín. A la viejecita **le hizo gracia** y se lo permitió porque quería que sintiera cómoda y feliz. A partir de entonces, esa gallina iba a ser su más fiel compañera y quería que estuviera contenta para que así le diera huevos todos los días. Así que, además de cederle el mejor lugar de la casa, la alimentó con el mejor **maíz** y todas las noches la tapaba con una manta de lana para que durmiera caliente.

The hen, who stupidly had no hair, lay down in a corner of the kitchen where there was a soft cushion. The old lady laughed and let her do it because she wanted her to feel comfortable and happy. From then on, that hen was going to be her most faithful companion and she wanted her to be happy so that she could give her eggs every day. So, in addition to giving her the best place in the house, she fed her the best corn and every night she covered her with a woolen blanket so that she could sleep warmly.

La gallina se sintió muy agradecida desde el primer día, pues vivía como una verdadera reina. Todos los días cuando se levantaba tenía su **cuenco** con maíz de la mejor calidad y dormía y descansaba en el mejor cojín en el que había dormido nunca. Nada tenía que ver su nueva vida con la anciana con la antigua vida que llevaba en la granja con las demás gallinas. Todas las mañanas se acordaba de aquella jaula de metal en la que la obligaban a mantenerse todos los días, sin ver el sol ni poder tener contacto con las gallinas. Por eso le estaba tan agradecida la anciana. Para corresponderla, se esforzaba mucho en poner cada mañana el mejor huevo que era capaz. Nada más salir el sol, la mujer lo recogía con entusiasmo y siempre le daba las gracias por el regalo.

The hen felt very grateful from day one, because she lived like a true queen. Every day when she got up she'd have her bowl of best quality corn and slept and rested on the best cushion she had ever slept on. Here new life with the old lady was nothing like the old life she had on the farm with the other hens. Every morning she remembered that metal cage in which she was forced to stay every day, without seeing the sun or being able to have contact with the chickens. That's why she was so grateful to the old lady. To return the favor, she tried hard to lay the best egg she could each morning. As soon as the sun came up, the woman picked it up with enthusiasm and always thanked her for the gift.

No tener un pelo de tonto/a: to be no fool

Le hizo gracia: found it funny

Maíz: corn

Cuenco: bowl

– ¡Qué ricos están tus huevos gallinita mía, muchas gracias!

La mujer estaba tan contenta y feliz que en una ocasión decidió invitar a cenar a sus mejores amigos del pueblo. Esto también sido una familia muy especial en la vida de la anciana, porque siempre habían estado juntos en todas las circunstancias, y cuando sus hijos todavía vivían en su casa solían ir a cenar todos los fines de semana, por eso quería que esta vez la velada fuera muy especial y todos pudieran comer un huevo de esa maravillosa gallina. Dada la circunstancia, necesitaba que la gallina pusiera seis huevos, uno para ella y cinco para sus **invitados**. Así que no dudó en pedírselos.

"Your eggs are so good, my little hen, thank you very much!"

The woman was so glad and happy that on one occasion she decided to invite her best friends from the town to dinner. This was also a very special family in the old woman's life, because they had always been together in all circumstances, and when their children still lived at home they used to go to dinner every weekend, so this time she wanted the evening to be very special and everyone could eat an egg from that wonderful hen. Given the circumstances, she needed the hen to lay six eggs, one for her and five for her guests. So she didn't hesitate to ask for them:

– Gallinita, sé buena y dame hoy seis huevos para cenar, por favor.

La gallina callaba y decía que no con la cabeza. La pobre gallina no lo hacía por **cabezonería**, sino porque como todos sabemos las gallinas sólo pueden poner un huevo al día. No pueden poner más, pero como la gallina tampoco puede hablar, no era capaz de explicárselo a la anciana. La gallina trato de explicárselo por todos los medios, intento **cacarear**, **hacer señas** de todo tipo, pero termino por rendirse porque su dueña no era capaz de entenderlo. La anciana, que era bastante ignorante, no conocía esta característica de las gallinas y siguió insistiendo al pobre animal.

"Little Hen, be good and give me six eggs for dinner today, please."

The hen was silent and said no with her head. The poor hen did not do it out of stubbornness, but because, as we all know, hens can only lay one egg a day. They can't produce any more, but since the hen can't talk either, she couldn't explain it to the old lady. The hen tried to explain it to her by all means, tried to crow, make signs of all kinds, but ended up surrendering because her owner was not able to understand. The old woman, who was quite ignorant, did not know this about chickens and continued to insist with the poor animal.

Invitados: guests

Cabezonería: stubbornness

Cacarear: to crow

Hacer señas: to make signs

– ¡Venga, gallina, dame seis huevos, que con uno no me basta!

No había nada que hacer. Para la gallina era una misión imposible, algo que iba en contra de su naturaleza. Desconcertada, miraba a la anciana con cara de circunstancias tratando de hacerle entender la situación. Por desgracia, la dueña de la gallina perdió la paciencia y empezó a maldecirla.

"Come on, hen, give me six eggs, one's not enough!"

There was nothing to be done. For the hen it was an impossible mission, something that went against her nature. Puzzled, she looked at the old woman with a range of facial expressions trying to make her understand the situation. Unfortunately, the hen's owner lost her patience and began to curse her.

Se enfadó tanto, que en un arrebato de ira y creyendo que la gallina guardaba todos los huevos dentro, decidió abrirla y quitárselos todos. Se quedó de piedra y con la cara desencajada cuando comprobó que en su interior no había ni uno.

She became so angry that, in a fit of rage and believing that the hen kept all the eggs inside, she decided to open her up and take them all away. She was stunned and her face showed she was very upset when she found that there was not a single one inside.

¿Qué podía hacer? El tiempo apremiaba y los invitados estaban a punto de llegar. La anciana ya era muy mayor como para bajar corriendo otra vez al pueblo y comprar los huevos que le faltaban, así que se fue al **frigorífico** a ver si queda algo que pudiera cocinar.

"What could I do? Time was pressing and the guests were about to arrive." The old woman was too old to run back down to the town and buy the missing eggs, so she went to the refrigerator to see if there was anything left she could cook.

Allí encontró un poco de **leche**, algunas **patatas**, **pan** y **vino**. Además, todas las **cacerolas** estaban sucias porque se le había olvidado limpiar, y la **olla** estaba ocupada haciendo una **sopa** para el día siguiente, así que lo único que quedaba libre en la cocina para cocinar en el **horno**. Lo único que se le ocurrió fue quitarle las plumas a la gallina, **untarla** con un poco de **aceite** y pimentón, y **asarla** en el horno. Los amigos acudieron puntuales, como de costumbre, y se sentaron a la mesa. Cuando la anciana apareció con la bandeja, uno de ellos comentó:

There she found some milk, some potatoes, bread and wine. In addition, all the dishes were dirty because she had forgotten to clean up, and the pot was taken with soup for the next day, so the only thing left free in the kitchen for cooking was the oven. The only thing she could think of was to remove the hen's feathers, spread it with a little oil and paprika, and roast it in the oven. Her friends came punctually, as usual, and sat down at the table. When the old woman appeared with the tray, one of them commented:

Frigorífico: refrigerator

Leche: milk

Patatas: potatoes

Pan: bread

Vino: wine

Cacerolas: casserole dishes; pans

Olla: pot

Sopa: soup

Horno: oven

Untar: to spread

Aceite: oil

Asar: to roast

– ¿Gallina para cenar? ¡Qué raro, si tú siempre cenas un huevo!

– Sí, es cierto... He intentado que mi gallina pusiera hoy seis huevos pero como no pudo ser, decidí convertirla en nuestra cena.

Los amigos se miraron sorprendidos y se echaron a reír.

– ¡Vaya **metedura de pata**! ¡Las gallinas ponen un sólo huevo al día! ¡Por no pensar bien las cosas a partir de mañana no tendrás ni una cosa ni otra!

¡Qué razón tenía el vecino! La anciana, por impulsiva, había perdido su gallina y por tanto la posibilidad de cenar un huevo diario **¡Sin duda** una decisión desastrosa!

“Chicken for dinner? How strange, you always eat an egg!”

“Yes, it’s true... I tried to get my hen to lay six eggs today but as I couldn’t do it, I decided to turn her into our dinner.”

The friends looked at each other in surprise and laughed.

“What a mess! Hens only lay one egg a day! Because you don’t think things through, tomorrow, you won’t have the one thing or the other!”

How right the neighbor was! The old woman, by impulse, had lost her hen and therefore the possibility of having one egg a day. Without doubt a disastrous decision!

Esa misma noche la anciana se sintió muy mal por lo que le había hecho a la gallina. No creía que nunca fuese a perdonarse a sí misma aquel error que había cometido. Entonces, se dio cuenta de que había aprendido una lección sobre la vida. Inmediatamente aprendió de su error y se propuso no volver a hacer las cosas mal, o por lo menos no de esa manera. Esa noche **consultó con la almohada** un sinfín de ideas posibles para poder llevar a cabo la recompensa de su error, hasta que por fin dio con la idea definitiva.

That same night the old woman felt very bad about what she had done to the hen. She didn’t think she’d ever forgive herself for the mistake she’d made. Then she realized she had learned a lesson about life. She immediately learned from her mistake and set out not to do things wrong again, or at least not in that way. That night she consulted the pillow, an endless number of potential ideas came to her to make good her error, until finally, she came up with the final idea.

Meter la pata: to make a mistake; to put one’s foot in it

Sin duda: without a doubt

Consultar con la almohada: to sleep on it

– ¡Sí, sí, ya lo tengo! ¡Esta vez haré las cosas bien! - se dijo a sí misma-

Así que, al día siguiente acudió al mercado cómo solía hacer cada mañana, y se informó bien de cómo era la puesta de huevos de las gallinas. El vendedor le confirmó que sólo podría obtener un huevo al día y entonces la mujer lo tuvo muy claro: lo mejor sería comprar diez gallinas que le dieran diez huevos cada mañana. A partir de entonces, creó un espacio especial en el jardín de su casa para que pudieran vivir todas las gallinas, y todos los días las alimentaba con el mejor maíz del mercado y las ponía a dormir en los mejores sillones que tenía disponibles. Así fue cómo, a partir de ese día, continuó disfrutando de un riquísimo huevo para cenar. ¿Y los otros nueve? ¡Los guardaba para cuando recibía invitados!

"Yes, yes, I've got it! This time I'll make things right!" she said to herself.

So, the next day she went to the market as she used to do every morning, and she was well informed about how hens' eggs were laid. The salesman confirmed to her that she could only get one egg a day and then to the woman, it was very clear: it would be best to buy ten hens that would give her ten eggs every morning. From then on, she created a special space in the garden of her house where all the hens could live, and every day she fed them with the best corn on the market and put them to sleep in the best armchairs she had available. That's how, from that day on, she continued to enjoy a delicious egg for dinner. And the other nine? She saved them for when she had guests!

Vocabulary Recap

Cenar: to have dinner

Huevo: egg

Pollo: chicken

Cordero asado: roasted lamb

Verduras: vegetables

Dulces: sweets

Caviar: caviar

Flaquear: to get weaker

Colina: hill

Mercado: market

Gallina: hen

Cuidar: to take care of

Esperanza: hope

Carne: meat

Tienda: shop

No tener un pelo de tonto/a: to be no fool

Le hizo gracia: found it funny

Maíz: corn

Cuenco: bowl

Invitados: guests

Cabezonería: stubbornness

Cacarear: to crow

Hacer señas: to make signs

Frigorífico: refrigerator

Leche: milk

Patatas: potatoes

Pan: bread

Vino: wine

Cacerolas: casserole dishes; pans

Olla: pot

Sopa: soup

Horno: oven

Untar: to spread

Aceite: oil

Asar: to roast

Meter la pata: to make a mistake; to put one's foot in it

Sin duda: without a doubt

Consultar con la almohada: to sleep on it

HISTOIRE 6: EL VIEJO, VIEJO VINO (LUJOS Y DINERO)
STORY 6: THE OLD, OLD WINE (LUXURY AND MONEY)

Ricardo era un hombre al que todo el mundo de su pueblo conocía especialmente por la cantidad de **dinero** que siempre había tenido. Su familia había sido siempre **rica** gracias al **negocio** de su padre, y cuando él había sido mayor había **heredado** ese negocio y había continuado siendo tan rico como lo habían sido desde que él era pequeño. Durante el transcurso de esta historia, Ricardo residía en una casa enorme, una gran **mansión**, rodeada de hermosos **jardines** diseñados por los mejores jardineros de la ciudad. Vestía con las ropas más **caras** de las mejores marcas, tenía el mejor coche del vecindario y se decía de él que le gustaba mucho ir a restaurantes caros que tenían más de una estrella Michelin. En resumen, Ricardo era uno de esos hombres que disfrutaba dándose los mejores **lujos** que había disponibles.

Ricardo was a man that everyone in his town knew, particularly because of the amount of money he had always had. His family had always been rich because of his father's business, and when he was older, he had inherited that business and had continued to be as rich as they had been since he was little. During the course of this story, Ricardo resided in a huge house, a large mansion, surrounded by beautiful gardens designed by the best gardeners in the city. He dressed in the most expensive clothes of the best brands, had the best car in the neighborhood and was said to very much like going to expensive restaurants that had more than one Michelin star. In short, Ricardo was one of those men who enjoyed giving himself the best luxuries available.

Dinero: money

Rico: rich

Negocio: business

Heredar: to inherit

Mansión: mansion

Jardines: gardens

Cara: expensive

Lujos: luxuries

Cuando se paraba a pensar en todo lo que poseía, se sentía pletórico de felicidad.

– "¡No puedo ser más **afortunado**! Tengo todo lo que un hombre de cincuenta años puede desear: una hogar lujoso, **criados** que me sirven y dinero a raudales para permitirme el capricho que me dé la gana ¡La verdad es que soy un tipo con suerte!".

When he stopped to think of everything he possessed, he was filled with happiness.

"I can't be luckier! I have everything a 50-year-old man could wish for: a luxurious home, servants who serve me, and plenty of money to allow me any whim I want. The truth is that I am a lucky guy!"

Sí, lo tenía absolutamente todo, pero de lo que más orgulloso se sentía era de la vieja **bodega** de vinos que había construido en el **sótano** de su mansión. Ese negocio era el que había hecho famosa a su familia centro del país. Allí, rodeadas de oscuridad, reposaban decenas de botellas de vino que para él eran un auténtico **tesoro**.

Yes, he had absolutely everything, but what he was most proud of was the old wine cellar he had built in the basement of his mansion. That business was the one that had made his family famous in the center of the country. There, surrounded by darkness, stood dozens of bottles of wine that, to him, were a real treasure.

Afortunado: fortunate

Criados: servants

Bodega: wine cellar

Sótano: basement

Tesoro: treasure

Entre todas había una muy especial, la que consideraba **la joya de la corona** por ser la más antigua y valiosa. No permitía que nadie se acercara a ella y de vez en cuando bajaba a comprobar que seguía en su sitio. Tenía una verdadera obsesión con aquella botella, incluso había mandado construir una cama en la bodega para aquellas noches en las que no estaba tranquilo pensando que la botella le podría pasar algo. Aquella botella ha tratado como si fuera su propia hija. Se la quedaba mirando, la acariciaba y siempre pensaba lo mismo:

Among all of them, there was a very special one, the one he considered the crown jewel because it was the oldest and most valuable. He wouldn't let anyone near it, and from time to time he would come down to check that it was still in place. He had a real obsession with that bottle, he had even had a bed built in the cellar for those nights when he wasn't at ease thinking that the bottle could have something happen to it. That bottle has been treated as if it were his own daughter. He stared at it, caressed it and always thought the same thing:

– "Esta botella contiene el mejor vino del planeta y sólo la descorcharé cuando venga a visitarme alguien realmente importante ¡Me niego a desperdiciar este **exquisito** caldo con gente que no lo merece y mucho menos con personas incapaces apreciarlo!".

"This bottle contains the best wine on the planet and I will only uncork it when someone really important comes to visit me. I refuse to waste this exquisite broth with people who don't deserve it, much less with people who are incapable of appreciating it!"

La joya de La Corona: the most valuable item; the 'crown jewel'

Exquisito: exquisite

Un día pasó por su casa un **hombre de negocios** que gozaba de muy buena **reputación** en la ciudad. Se trataba de uno de estos hombres que se habían dado a conocer en los últimos años, debido a su gran capacidad para los negocios y la facilidad con la que podía hacer rica a una persona, y también a sí mismo, aconsejándola sobre cómo **invertir** en su negocio. Mientras charlaba con él en el salón, se dio cuenta de que esta era la gran oportunidad para descorchar su más preciada botella, lo volvió a pensar, y finalmente decidió bajar a la bodega y compartir este manjar con su nuevo invitado. La idea revoloteó por su cabeza unos segundos, pero rápidamente cambió de opinión y se dijo a sí mismo:

– "¡No, no, será mejor que no! Este caballero no es lo suficientemente importante como para invitarle a beber mi fabuloso vino de reserva... ¡Le daré agua fresca **y santas pascuas**!".

One day a businessman who had a very good reputation in the city came by his house. He was one of those men who had made themselves known in recent years, because of his great capacity for business and the ease with which he could make a person rich, including himself, advising him on how to invest in his business. While chatting with him in the living room, he realized that this was the great opportunity to uncork his most precious bottle, thought again, and finally decided to go down to the wine cellar and share this delicacy with his new guest. The idea fluttered through his head for a few seconds, but he quickly changed his mind and said to himself:

"No, no, you better not! This gentleman is not important enough to invite him to drink my fabulous reserve wine... I will give him fresh water and that's all!"

Hombre de negocios: businessman

Reputación: reputation

Invertir: to invest

... y santas pascuas!: ...and that's all!

Un par de meses después recibió por sorpresa la visita del **presidente del gobierno** de su país, y por supuesto, le invitó a comer. Tanto para él como para todos era una sorpresa que el mismísimo Presidente quisiera sentarse a comer con Ricardo. Todo transcurrió tranquilamente, hasta que los criados sirvieron el suculento asado. Fue entonces cuando a Ricardo le asaltó el mismo pensamiento que la vez que comió con aquel negociador tan importante.

A couple of months later he was surprised by the visit of the president of his country and of course he invited him to lunch. It was a surprise for him and for everyone that the President himself would like to sit down to eat with Ricardo. Everything went smoothly, until the servants served the succulent roast. It was then that Ricardo was struck with the same thought he had when he had lunch with that important businessman.

– "¡Qué **honor** tener al presidente en mi casa! Tal vez debería abrir mi maravillosa botella de vino para acompañar la carne... ¡Bueno, no, la dejaré para otra ocasión! Su ropa es bastante fea y anticuada, así que me temo que un hombre con tan **poco gusto** no va a disfrutar de un vino sólo apto para paladares refinados. Además, quién sabe si este personaje es verdaderamente de fiar o de si va a servir durante mucho tiempo. Todo el mundo sabe que no puedes fiarte de un político, así que no pienso que sea la persona adecuada para compartir un vino tan importante como este. Quizás le ofrezca algo de mí mejor caviar, pero nada más.".

"What an honor to have the president in my house! Maybe I should open my wonderful bottle of wine to accompany the meat... Well, no, I'll leave it for another time! His clothes are quite ugly and old-fashioned, so I fear that a man with such little taste will not enjoy a wine suitable only for refined palates. Besides, who knows if this character is really reliable or if he's really going to be in office for a long time. Everyone knows you can't trust a politician, so I don't think he's the right person to share such an important wine as this with. Maybe I'll offer him some of my best caviar, but nothing more."

Presidente del gobierno: government's president or prime minister

Honor: honor

Poco gusto: poor taste

Y así fue cómo, una vez más, dejó pasar la oportunidad de degustar su excelente vino en buena compañía. Sin embargo, Ricardo no veía nada de malo en ello porque estaba convencido de que algún día aparecería alguien que fuese digno merecedor de su tan preciada botella.

And that was how, once again, he missed the opportunity to taste his excellent wine in good company. However, Ricardo didn't see anything wrong with that because he was convinced that someday someone worthy of his precious bottle would appear.

Llegó el otoño, y una tarde ventosa recibió una carta de palacio que anunciaba que, en unas horas, recibiría la visita del **príncipe** del **reino**. Como es lógico, la idea le entusiasmó y se puso bastante nervioso. Todo tenía que estar perfecto cuando llegara el hombre más **ilustre** que podía pisar su hogar ¡Nada más y nada menos que el príncipe! Preparó sus mejores ropas, pensó en todos los temas de conversación posibles que pudieran darse mientras el príncipe estaba con él, e inmediatamente llamó a los criados.

Autumn arrived, and one windy afternoon he received a letter from the palace announcing that, in a few hours, he would be visited by the prince of the kingdom. Of course, the idea got him excited and he got pretty nervous. Everything had to be perfect when the most distinguished man who could set foot in his home arrived. No more and no less than the prince! He prepared his best clothes, thought of all the possible topics of conversation that might occur while the prince was with him, and immediately called the servants.

Cuando los tuvo frente a él, les indicó: – El príncipe almorzará aquí mañana ¡Se presentará a las doce en punto, y tanto la casa como los jardines tienen que estar limpios y lo más **lustrosos** posible! **Por descontado**, no quiero que falte ningún detalle en la mesa ¡Pongan el mantel de encaje, los **platos de porcelana** y las **copas de cristal** reservadas para los **banquetes**!

When he saw them in front of him, he said to them, "The prince will have lunch here tomorrow. He will be here at twelve o'clock, and both the house and the gardens must be clean and as shiny as possible! Obviously, I don't want there to be any detail missing from the table. Put on the lace tablecloth, the porcelain plates and the crystal glasses reserved for banquets!"

Príncipe: prince

Reino: kingdom

Ilustre: distinguished

Lustroso: shiny

Por descontado: obviously

Platos de porcelana: porcelain plates

Copas de cristal: crystal glasses

Banquetes: banquets or feasts

El hombre sentía que **el corazón le latía a mil por hora.** Jamás en su vida había estado tan nervioso como se sentía en aquel preciso momento. No paraba de dar **órdenes** a los criados -¡Y por favor -les decía-, esmérense con la comida! Tenemos que ofrecerle el mejor pescado fresco que encuentren y los postres más deliciosos que sean capaces de preparar ¿Queda claro?

The man felt his heart beating twenty to the dozen. Never in his life had he been so nervous as he was at that precise moment. He kept giving orders to the servants, and "Please," he said to them, "do your best with the food! We have to offer him the best fresh fish you can find and the most delicious desserts you can prepare. Is that clear?"

Corazón le latía a mil por hora: being very nervous

Órdenes: orders

Los sirvientes asintieron con la cabeza y se fueron a toda prisa a organizarlo todo, pues no había tiempo que perder. El príncipe había avisado con muy poca antelación. Estaban verdaderamente preocupados de que no tuvieran tiempo suficiente como para hacer todo aquello que Ricardo les mandaba. Él, mientras tanto, se quedó reflexionando sobre su cotizada botella.

– "¿Será mañana el día más apropiado para servir ese vino?... ¡Se trata del príncipe!... ¿Qué hago, le invito o no le invito?".

The servants nodded and rushed off to organize everything, as there was no time to waste. The prince had given them very short notice. They were really worried that they wouldn't have enough time to do everything Ricardo had ordered them to do. He, meanwhile, reflected on his prized bottle:

"Will tomorrow be the most appropriate day to serve that wine? It's about the prince! What do I do, do I invite him or not invite him?"

La duda que le corroía se esfumó rápidamente:

– "¡Bah, no, me niego! Al fin y al cabo no es un **rey** ni un **emperador**, sino un joven príncipe que se lo va a beber a grandes tragos como si fuera un vino **barato**. Todos sabemos cómo son estos jóvenes de ahora. Y más los príncipes, tan acostumbrados a los lujos y placeres de la Corte, y tan acostumbrados a beber vinos tan semejantes al que pretendo ofrecerle. Hacen, comen y beben las cosas sin pararse a pensar en el valor que tienen, y por mucho que sea el príncipe, no estoy seguro de si es esta la mejor ocasión para abrir la botella, porque me gustaría que fuera alguien que pudiese apreciarla de verdad.".

The doubt that ate away at him vanished quickly:

"Bah, no, I refuse! After all, he is neither a king nor an emperor, but a young prince who is going to drink it as if it were a cheap wine. We all know what these young people are like now. And especially princes, so accustomed to the luxuries and pleasures of the court, and so accustomed to drinking wines so similar to the one I intend to offer him. They do, they eat and drink things without stopping to think about the value they have, and no matter how much the prince is worth, I'm not sure if this is the best time to open the bottle, because I would like it to be someone who could really appreciate it.

Rey: king

Emperador: emperor

Barato: cheap

Y así fue que los años fueron pasando y pasando hasta que el hombre se convirtió en un anciano que de viejo se murió. Tanto había esperado la ocasión perfecta para abrir su queridísima botella, que abandonó este mundo sin probarla. La botella continúa guardada en el mismo lugar en el que la había dejado la última vez que pretendió sacarla. Seguía metida en aquel recipiente de cristal del cual era muy difícil sacarla.

And that was how the years went by until the man became an old man who died of old age. He had waited so long for the perfect occasion to open his beloved bottle, so much that he left this world without trying it. The bottle is still stored in the same place where he left it the last time he tried to take it out. It is still in that glass container from which it was very difficult to extract it.

La noticia de su fallecimiento **corrió como la pólvora**. Como había sido un hombre rico e influyente en vida, todos sus vecinos y empleados acudieron a su casa para darle el último adiós. ¡En el comedor **no cabía un alma!** Se reunieron decenas de personas y los criados se vieron obligados a bajar a la bodega a por botellas de vino para servir unas copas. Se las llevaron todas, incluida la botella de vino que tan cuidadosamente había guardado su señor durante más de cuarenta años. Y así como todos los vecinos que estuvieron esa noche por su casa, acabaron con todas las botellas de la bodega, y así con toda la riqueza que poseía su familia. De aquella preciada botella solo quedó el envoltorio de vidrio.

The news of his death spread like wildfire. As he had been a rich and influential man in life, all his neighbors and employees came to his house to say their last goodbye. The place was full of people in the dining room! Dozens of people gathered and the servants were forced to go down to the cellar for bottles of wine to serve a few glasses. They took them all, including the bottle of wine that his lord had so carefully kept for more than forty years. And all the neighbors who were at his house that night finished off all the bottles in the cellar, and all the riches that his family possessed. All that remained of that precious bottle was the glass packaging.

Correr como la pólvora: to spread very fast

No cabía ni un alma!: the place was full of people

¡Una verdadera lástima! Quienes lo bebieron no se dieron ni cuenta de que estaban tomando un carísimo vino único en el mundo; para ellos, el vino era simplemente, vino.

What a shame! Those who drank it did not even realize that they were drinking a very expensive and unique wine in the world; to them, the wine was simply wine.

Vocabulary Recap

Dinero: money

Rico: rich

Negocio: business

Heredar: to inherit

Mansión: mansion

Jardines: gardens

Cara: expensive

Lujos: luxuries

Afortunado: fortunate

Criados: servants

Bodega: wine cellar

Sótano: basement

Tesoro: treasure

La joya de La Corona: the most valuable item; the 'crown jewel'

Exquisito: exquisite

Hombre de negocios: businessman

Reputación: reputation

Invertir: to invest

... y santas pascuas!: ...and that's all!

Presidente del gobierno: government's president or prime minister

Honor: honor

Poco gusto: poor taste

Príncipe: prince

Reino: kingdom

Ilustre: distinguished

Lustroso: shiny

Por descontado: obviously

Platos de porcelana: porcelain plates

Copas de cristal: crystal glasses

Banquetes: banquets or feasts

Corazón le latía a mil por hora: being very nervous

Órdenes: orders

Rey: king

Emperador: emperor

Barato: cheap

Correr como la pólvora: to spread very fast

No cabía ni un alma!: the place was full of people

HISTOIRE 7: LA BELLEZA TRAS LAS APARIENCIAS (BELLEZA Y DESCRIPCIÓN) STORY 7: THE BEAUTY BEHIND APPEARANCES (BEAUTY AND DESCRIPTION)

Emily tenía 16 años cuando ocurrió esta historia, pero todavía la cuenta como si hubiera sido ayer cuando tuvo una de las experiencias más importante de su vida:

Emily was 16 years old when this story happened, but she still tells it as if it had been yesterday that she had one of the most important experiences of her life:

Como todas las mañanas, Emily salía a pasear por el pueblo en el que vivía unos momentos antes de ir al instituto. Le encantaban esos **paseos matutinos**, y los consideraba un gran momento para ponerse a pensar y llegar a clase con la mente ordenada. Caminaba durante 20 minutos aproximadamente y después cambiaba de dirección e iba hacia el instituto. Una vez allí, tenía fama de ser una chica muy **responsable**. Era la típica que siempre llevaba los deberes hechos, estudiaba mucho para los exámenes, salía poco porque tenía pocos amigos, y sobre todo daba la impresión de no haber roto nunca un plato. Le gustaba sentarse sola a la hora del comedor mientras los demás compañeros de su instituto aprovechaban esos breves momentos para **ponerse al día** y pasar un rato juntos.

Like every morning, Emily would go for a walk in the town where she lived for a few moments before going to high school. She loved those morning walks, and considered them a great time to think before getting to class with her mind in order. She would walk for about 20 minutes and then change direction and go to school. There, she had a reputation for being a very responsible girl. She was the one who always had her homework done, studied a lot for exams, went out little because she had few friends, and above all she gave the impression that she had never even broken a plate. She liked to sit alone at lunchtime while her high school classmates took advantage of those brief moments to catch up and spend some time together.

Paseos matutinos: morning walks

Responsable: responsible

Ponerse al día: to catch up

Emily, sin embargo, prefería pasar esos momentos haciendo otro tipo de cosas. Se sentaba sola con los cascos puestos para que nadie la molestase y leía uno de esos grandes libros de lectura clásica que le recomendaba su profesor de literatura. Ella era bastante feliz con ese modo de vida y nunca se había planteado cambiarlo, ni tampoco que tuviese ningún tipo de problema social. Sin embargo, eso cambió la mañana que se le acerco la psicóloga del colegio a la hora de comer para preguntarle si podía acercarse al despacho del director cuando terminase su comida. Ella asintió y **tan pronto como** dejó el plato se acercó a su despacho. Una vez allí, el director, que no tenía pinta de ser una persona **agradable**, sino más bien **gruñón**, le indicó que por favor se sentase en la silla de delante de él y así lo hizo.

Emily, however, preferred to spend those times doing other things. She sat alone with her headphones on so no one would bother her, and read one of those great classical books recommended by her literature teacher. She was quite happy with that way of life and had never considered changing it, and she didn't have any kind of social problem. However, that changed the morning the school psychologist approached her at lunchtime to ask her if she could go to the principal's office when her meal was finished. She nodded in agreement and as soon as she finished her plate she went to his office. Once there, the principal, who did not look like a nice person, but rather grumpy, told her to please sit in the chair in front of her, and so she did.

Tan pronto como: as soon as

Agradable: friendly

Gruñón: grumpy

-Emily... -comenzó diciendo el director- no nos cabe duda de que eres una chica excelente y una de las alumnas y las mentes más **brillantes** que han pasado por nuestro instituto, pero la psicóloga del colegio me dijo hace unos pocos días que estaba **preocupada** por tu actitud hacia los otros alumnos.

-¿Qué actitud? -dijo Emily- si apenas me relaciono con ellos, nunca me **meto con nadie** y jamás tengo problemas.

"Emily, we are in no doubt that you are an excellent girl and one of the brightest students and minds who have passed through our school, but the school psychologist told me a few days ago that she was concerned about your attitude towards other students."

"What attitude?" Emily asked, "I barely interact with them, I never get involved with anyone and I never have any problems."

- No, no me refiero a que tengas algún problema con los otros niños, simplemente nos hemos dado cuenta de que pasas demasiado tiempo sola. En nuestro instituto nos preocupamos de que todos nuestros alumnos tengan una buena base de **relaciones sociales**, nos gusta que hagáis amigos y que no paséis tiempo solos, porque sabemos que es importante para vosotros, y por eso nos preocupa que pases tanto tiempo sola, sobre todo a la hora del comedor.

"No, I don't mean that you have a problem with the other kids, we just realized that you spend so much time alone. In our institute we care that all our students have a good basis of social relations, and we'd like you to make friends so that you don't spend time alone, because we know that it is important for you, and that is why we are concerned about you spending so much time alone, especially when it comes to the dining room.

Preocupada: worried/concerned

Meterse con alguien: to cause problems with someone

Relaciones sociales: social relationships

-Pero yo estoy bien -dijo Emily- me gusta pasar tiempo sola, aunque si así lo crees, haré un esfuerzo.

Al día siguiente, a la hora de comer, Emily dio una vuelta alrededor del comedor pensando a qué grupo podría acercarse. El primer sitio que vio libre estaba en una mesa dónde se habían sentado un grupo de chicas. Estas chicas eran muy **peculiares:** Todas tenían **preciosas caras**, el **pelo perfecto**, vestían muy **a la moda** y llevaban maquillaje que parecía sacado de una **revista**. Emily no le dio ninguna importancia a esto y decidió preguntarles si podía sentarse en esa mesa. Se miraron extrañadas entre todas, hicieron un círculo para hablar, y finalmente decidieron que sí podía sentarse con ellas. Lo que Emily no sabía, es que estas chicas le habían permitido sentarse con ellas por su extraordinaria **belleza**.

"But I'm fine," said Emily, "I like to spend time alone, but if you think so, I'll make an effort."

The next day, at lunchtime, Emily walked around the dining room thinking about which group she could approach. The first place she saw free was at a table where a group of girls was sitting. These girls were very peculiar: they all had beautiful faces, perfect hair, they dressed very fashionably and wore make-up that looked like it had been taken from a magazine. Emily didn't attach any importance to this and decided to ask them if she could sit at that table. They looked at each other strangely, made a circle to talk, and finally decided that she could sit with them. What Emily didn't know was that these girls had allowed her to sit with them because of her extraordinary beauty.

Peculiares: peculiar

Preciosas caras: beautiful faces

Pelo perfecto: perfect hair

A la moda: fashionable

Revista: magazine

Belleza: beauty

Las demás chicas del instituto estaban muy extrañadas y a la vez tenía mucha **envidia** de que el grupo de las **chicas populares** hubiera dejado a la niña que siempre se sienta sola y que no tiene amigos ponerse con ellas. Al principio, parecía que todo iba bien, hasta que la invitaron a que acudiese con ellas a un **concurso de belleza.**

Ella aceptó porque no tenía otros planes, y esa misma tarde fueron todas al concurso del que habían estado hablando.

The other girls in the school were very surprised and at the same time were very jealous that the group of popular girls had allowed the girl who always feels alone and who has no friends to be with them. At first, everything seemed to be going well, until she was invited to come with them to a beauty contest.

She accepted because she had no other plans, and that same afternoon they all went to the contest they had been talking about.

Emily nunca había estado en un **entorno** parecido. Ver a todas esas chicas **desfilar** con sus cuerpos perfectos, la **sonrisa sintética**, y esa belleza artificial le provocaba una extraña sensación. Sin embargo, sus nuevas amigas estaban entusiasmadas con el **desfile** y no paraban de hablar de los **conjuntos de ropa** que llevaban puestos esas modelos, y de cuánto nos gustaría estar ellas en ese lugar. Emily no encontraba ninguna razón para admirar todo aquello. No entendía por qué la belleza de una persona tenía que ser tan importante. Ella sabía que era una chica muy guapa, pero nunca le había dado importancia. Estaba muchísimo más atenta de otras cosas, como por ejemplo sus estudios o los libros que leía. También le gustaba mucho el cine y la música, y cuando terminó el desfile decidió intentar hablar con sus nuevas amigas sobre sus aflicciones para ver si tenían cosas en común.

Emily had never been in an environment like that before. Seeing all those girls walk around with their perfect bodies, the synthetic smile and that artificial beauty, gave her a strange sensation. However, her new friends were excited about the fashion show and kept talking about the outfits the models were wearing, and how much they'd like to be there. Emily found no reason to admire it all. She didn't understand why a person's beauty had to be so important. She knew she was a very pretty girl, but she had never attached any importance to it. She was much more attentive to other things, such as her studies or the books she read. She also loved movies and music, and when the fashion show was over, she decided to try to talk to her new friends about their regrets, to see if they had anything in common.

Envidia: envy

Chicas populares: popular girls

Concurso de belleza: beauty contest

Entorno: surroundings or environment

Desfilar: to walk

Sonrisa sintética: synthetic smile

Desfile: fashion show

Conjuntos de ropa: outfits

Cuando les dijo que ella en su tiempo libre prefería estar en casa leyendo un libro a salir de fiesta, sus amigas se rieron y le preguntaron por qué no prefería salir de fiesta y escuchar música, bailar y beber. Ella se dio cuenta de que a sus amigas no les gustaba ninguna cosa de lo que le gustaba a ella. Eran chicas muy normales que lo único que les interesaba era la ropa, la moda, las **apariencias**, y hablar de chicos.

When she told them that in her spare time she would rather be at home reading a book than partying, her friends laughed and asked her why she wouldn't rather party, listen to music, dance and drink. She realized that her friends didn't like anything she liked. They were very normal girls who were only interested in clothes, fashion, appearances, and talking about boys.

Sin embargo, la mayor sorpresa fue cuando un hombre alto y **trajeado** se les acercó a su grupo y les dijo que pertenecía a una **agencia** que estaba buscando nuevas chicas para ser **modelo**. El grupo de las amigas de Emily estaba muy ilusionado, porque era el sueño de todas ellas. Pero para su sorpresa, este señor se puso a hablar con Emily y le preguntó sí estaría interesada en hacer un casting para su agencia, porque le había parecido la chica más guapa del grupo y cree que tenía un gran futuro como modelo por delante.

However, the biggest surprise was when a tall man in a suit approached her group and told them that he belonged to an agency that was looking for new girls to model. Emily's group of friends was very excited, because it was everyone's dream. But to their surprise, this gentleman began to talk to Emily and asked her if she would be interested in doing a casting for his agency, because she had seemed like the prettiest girl in the group and he believed she had a great future as a model ahead of her.

Apariencias: appearances

Trajeado: wearing a suit

Agencia: agency

Modelo: model

Emily le pregunto cuál sería su trabajo dentro de esa agencia, y el señor trajeado le dijo que ella simplemente tenía que llevar puesta la ropa de **grandes marcas** de ropa por la calle, **hacerse fotos** con ellas y mandarlas a la revista. A Emily no le interesaba para nada la **oferta** que acababan de hacerle, así que le dijo al hombre que no quería vivir y ganar dinero simplemente por hacerse fotos llevando ropa, porque llevaba mucho tiempo estudiando y quería ganarse la vida como **periodista**.

Emily asked him what her job would be within the agency, and the man in the suit told her that she simply had to wear the clothes of big clothing brands on the street, take pictures with them and send them to the magazine. Emily wasn't interested in the offer they had just made, so she told the man that she didn't want to live and earn money simply by taking pictures wearing clothes, because she had been studying for a long time and wanted to make a living as a journalist.

Sus amigas no daban crédito a lo que le acababa de decir, y estaban tan enfadadas y tan **celosas** que le dijeron a Emily que no querían que volviese a juntarse con ellas.

Her friends didn't believe what she had just said, and they were so angry and jealous that they told Emily they didn't want her to hang out with them.

Grandes marcas: big firms

Hacerse fotos: to take pictures (of oneself)

Oferta: offer

Periodista: journalist

Al día siguiente, Emily volvió a sentarse sola con sus cascos y su libro a la hora del comedor. No volvió a hablar con ese grupo de chicas, y volvía a no tener amigos otra vez. Sin embargo, unos momentos después de sentarse, dos chicas con una ropa muy **extraña**, gafas y una mochila muy llena de libros, aparecieron delante de su mesa y le preguntaron si podían sentarse con ella. Emily les dijo que sí, y estas inmediatamente se sentaron, dejaron su bandeja, abrieron cada uno en su mochila y se pusieron a leer. A Emily me llamó la atención que una de ellas se estaba leyendo un libro que ella había leído ya hace unos años, así que le preguntó si le estaba gustando la lectura.

The next day, Emily sat down again alone with her headphones and her book at lunchtime. She never spoke to that group of girls again, and she didn't want to have friends again. However, a few moments after sitting down, two girls with odd clothes, glasses and a backpack full of books appeared in front of her table and asked her if they could sit with her. Emily said yes, and they immediately sat down, put down their trays, opened their backpacks, and began to read. Emily noticed that one of them was reading a book she had read a few years ago, so she asked her if she liked reading.

Al final, resultó que las tres habían leído el libro y hablaron sobre los autores que más les gustaban. Después de hablar de los libros, hablaron de música, también de **cine**, y se lo **pasaron tan bien** que esa misma noche quedaron para ver una película en casa de Emily. Emily no se podía creer que hubiera encontrado a unas chicas que se parecían tanto a ella dentro de ese instituto en el que había estado casi toda su vida. Le parecía casi imposible, pero se alegraba mucho de haber conocido a las chicas **superficiales** y haberse dado cuenta de que ella no quería juntarse más con ellas.

In the end, it turned out that all three had read the book and talked about the authors they liked best. After talking about the books, they talked about music, they talked about movies, and they had such a good time that, that same night, they went to see a movie at Emily's house. Emily couldn't believe that she had found some girls so similar to her in the school where she had spent most of her life. It seemed almost impossible, but she was very happy to have met the frivolous girls and to have realized that she didn't want to hang out with them anymore.

Extraña/o: odd

Cine: cinema

Pasarlo bien: to have a good time

Superficial: superficial

Desde ese día, Emily y su nuevo grupo empezaron a sentarse juntas en el comedor, a ponerse juntas para hacer los trabajos, y poco a poco se terminaron haciendo inseparables. Con el paso del tiempo, esas tardes en las que quedaban para ver películas o hablar de libros se fueran haciendo rutinarias, y terminaron desarrollando una amistad muy fuerte entre las tres.

From that day on, Emily and her new group began sitting together in the dining room, getting together to do the work, and little by little they became inseparable. As time went by, those evenings when they arranged to meet to watch movies or talk about books became routine, and they ended up developing a very strong friendship amongst the three of them.

Aquel grupo de chicas superficiales con el que Emily solía juntarse, las miraban raro cada vez que las veían entrar, pero Emily sabía perfectamente que lo hacían porque todavía estaban celosas de que fuera más guapa que ellas. A Emily esas cosas no le importaban, porque no le daba ninguna importancia a la belleza y simplemente quería encontrar amigas con las que pasárselo bien y tener cosas en común. Al final, se dio cuenta de que el director del colegio tenía razón, y de que a veces es importante encontrar a gente que comparte tus aficiones, porque pueden resultar un apoyo muy grande en determinadas situaciones.

That group of frivolous girls that Emily used to hang out with looked at them funny every time they saw them come in, but Emily knew perfectly well that they did it because they were still jealous that she was prettier than them. Emily didn't care about those things, because she didn't care about beauty and just wanted to find friends to have fun with and with whom she had things in common. In the end, she realized that the school principal was right, and that sometimes it's important to find people who share your hobbies, because they can be very supportive in certain situations.

Vocabulary Recap

Paseos matutinos: morning walks

Responsable: responsible

Ponerse al día: to catch up

Tan pronto como: as soon as

Agradable: friendly

Gruñón: grumpy

Preocupada: worried/concerned

Meterse con alguien: to cause problems with someone

Relaciones sociales: social relationships

Peculiares: peculiar

Preciosas caras: beautiful faces

Pelo perfecto: perfect hair

A la moda: fashionable

Revista: magazine

Belleza: beauty

Envidia: envy

Chicas populares: popular girls

Concurso de belleza: beauty contest

Entorno: surroundings or environment

Desfilar: to walk

Sonrisa sintética: synthetic smile

Desfile: fashion show

Conjuntos de ropa: outfits

Apariencias: appearances

Trajeado: wearing a suit

Agencia: agency

Modelo: model

Grandes marcas: big firms

Hacerse fotos: to take pictures (of oneself)

Oferta: offer

Periodista: journalist

Extraña/o: odd

Cine: cinema

Pasarlo bien: to have a good time

Superficial: superficial

HISTOIRE 8: LAS LUCES DE LA SABIDURÍA (TIEMPO METEOROLÓGICO Y DESCRIPCIÓN) STORY 8: THE LIGHTS OF KNOWLEDGE (WEATHER AND LANDSCAPE DESCRIPTION)

En un pequeño y lejano pueblo de un país muy lejano, vivía un niño de alrededor de 7 años que se llamaba Eric. Sus padres siempre habían trabajado en el campo, durante largas **jornadas**, ya que vivían en un pueblo que se mantenía gracias a la **agricultura**, así que los tres trataban de **salir adelante** como podían y sin poder permitirse ningún tipo de lujo. Vivían en una casa pequeña los tres y eran una familia muy trabajadora, que además estaba muy **orgullosa** de su hijo. Pero solo tenían algo de comida y un techo bajo el que dormir, nada más.

In a small and distant village in a very distant country, lived a boy of about 7 years old named Eric. His parents had always worked in the fields, for long hours, as they lived in a village that was sustained by agriculture, so the three tried to get ahead as well as they could and without being able to afford any luxury. The three of them lived in a small house and were a very hardworking family, and were also very proud of their son. But they just had some food and a roof over their heads to sleep under, that's all.

El joven matrimonio soñaba con que algún día su hijo Eric pudiera estudiar. Ambos tenían muy claro que no querían para él la vida que ellos llevaban y aspiraban a que tuviera un futuro más **prometedor** en la ciudad. Por eso, estaban siempre muy pendientes de que Eric hiciera los deberes de la escuela, estudiase, y algún día pudieses llegar a tener los estudios y el futuro que a ellos les hubiera gustado haber tenido. Todas sus esperanzas estaban puestas en su pequeño hijo.

The young couple dreamed that one day their son Eric would be able to study. Both were very clear that they did not want him to have the life they led and aspired to having a more promising future in the city. That's why they were always on the lookout for Eric to do his homework, study, and some day come to have the studies and future they would have liked to have had themselves. All their hopes were placed on their little son.

Jornadas: working hours

Agricultura: agriculture

Salir adelante: to get ahead

Orgullosa/o: proud

Prometedor: promising

Eric, consciente de esto, era un chico bueno, **aplicado**, inteligente y **estudioso**. Le gustaba mucho ir a la escuela y estudiar y aprender cosas nuevas. Sobre todo, era un gran apasionado de las ciencias y todo lo que estuviera relacionado con la **naturaleza** le fascinaba. Estaba seguro de que de mayor iría a la universidad y terminaría siendo un gran **científico**. Siempre intentaba sacar las mejores notas en la escuela, pero cada día se encontraba con un problema que le ponía las cosas todavía más difíciles. Durante el día ayudaba a sus padres en las labores del campo, porque éstos tenían demasiado trabajo para ellos dos solos, y justo cuando terminaba y quería ponerse a estudiar, ya era de noche. Esto resultaba un gran inconveniente para él porque en su **cabaña** de **madera** no había **luz artificial**, y tampoco solían contar con muchas velas para gastar porque no tenían dinero suficiente.

Eric, aware of this, was a good, hard-working, intelligent and studious boy. He really liked going to school and studying and learning new things. Above all, he was passionate about science and was fascinated by everything related to nature. He was sure that when he grew up, he would go to college and end up being a great scientist. He always tried to get the best grades in school, but every day he encountered a problem that made things even more difficult for him. During the day, he helped his parents with the work in the fields, because they had too much work for the two of them alone, and just when he finished and wanted to start studying, it was already night time. This was a great inconvenience for him because there was no artificial light in his wooden cabin, and they didn't usually have many candles to burn because they didn't have enough money.

Aplicado: responsible

Estudioso: studious

Naturaleza: nature

Científico: scientific (adj.) or scientist (noun)

Cabaña: cottage

Madera: wood

Luz artificial: artificial light

Eric estaba **desesperado**. Quería estudiar y sin luz no podía leer. Deseaba aprobar los exámenes de la escuela y con los años poder ir a la universidad, pero mejorar su educación a oscuras era totalmente imposible durante el invierno y el otoño.

Eric was desperate. He wanted to study and without light he couldn't read. He wanted to pass school exams and in years to come to go to college, but improving his education in the dark was totally impossible during the winter and fall.

Un año llegó el crudo invierno, con sus días más cortos y más oscuros, la **lluvia**, la **nieve**, el **viento** y el **frío**, y una noche se asomó a la ventana para ver el fabuloso **paisaje nevado**. Estaba ensimismado cuando se dio cuenta de que la nieve emitía una luz blanca muy tenue, muy bella pero casi imperceptible.

One year there came a harsh winter, with its shorter and darker days, rain, snow, wind and cold, and one night he looked out of the window to see the fabulous snowy landscape. He was engrossed when he realized that the snow emitted a very faint white light, very beautiful but almost imperceptible.

Desesperado: desperate

Lluvia: rain

Nieve: snow

Viento: wind

Frío: cold

Paisaje nevado: snowy landscape

Eric, que era un niño muy inteligente, tuvo una magnífica idea y decidió aprovechar esa pequeña oportunidad que le brindaba la naturaleza. Así que fue corriendo a decirle a su madre que necesitaba salir afuera para estudiar. Ella al principio no comprendió porque quería salir, pero tras haberle explicado su idea, su madre cambio de opinión y le pidió que tuviera cuidado, y que por favor, no llegase tarde para cenar. El niño le dio un abrazo y un beso, le dio las gracias y volvió a su habitación para prepararse. Se puso un viejo **abrigo de lana** que encontró en uno de los armarios de su padre, se calzó sus estropeadas **botas de cuero**, cogió el material del colegio con los libros y el estuche, y salió de la habitación caminando muy despacio para no hacer ruido.

Eric, who was a very intelligent child, had a great idea and decided to take advantage of the small opportunity that nature offered him. So, he ran off to tell his mother he needed to go outside to study. At first, she didn't understand why he wanted to go out, but after explaining his idea to her, his mother changed her mind and asked him to be careful, and please not to be late for dinner. The boy gave her a hug and a kiss, thanked her and went back to his room to get ready. He put on an old woolen coat that he found in one of his father's closets, put on his damaged leather boots, took the material from school with the books and the case, and walked out of the room very slowly so as not to make any noise.

La **capa de nieve** era muy **espesa** y hacía mucho frío pero, a pesar de todo, se tumbó sobre ella. Abrió uno de sus libros y gracias a la **luz blanquecina** que

reflejaba la nieve pudo leer y aprovechar para aprender. El frío era **infernal** y sus manos estaban tan **congeladas** que casi no podía pasar las páginas, pero no le importaba porque sentía que merecía la pena el esfuerzo. Algún día, pensaba, se acordará de estos momentos y se agradecerá a sí mismo el haber hecho este esfuerzo que le llevaría al éxito con el que sus padres siempre habían soñado. Habiéndose convencido a sí mismo, permaneció allí durante toda la noche, y como esa, también durante todas las noches del invierno.

The layer of snow was very thick and it was very cold but, despite everything, he lay on it. He opened one of his books and thanks to the whitish light that the snow reflected, he was able to read and learn. The cold was hellish and his hands were so frozen that he could hardly turn the pages, but he didn't care because he felt it was worth the effort. Some day, he thought, he would remember these moments and thank himself for having made this effort that would lead him to the success his parents had always dreamed of. Having convinced himself, he remained there all night, just like that, every night through the winter.

Abrigo de lana: woolen coat

Botas de cuero: leather boots

Capa de nieve: snow layer

Espesa/o: thick

Luz blanquecina: white light

Reflejar: to reflect

Infernal: horrible

Congelado: frozen

Poco a poco, el tiempo fue pasando rápidamente y un día maravilloso, los **rayos de sol** de la recién llegada primavera, **derritieron** la nieve. El pobre Eric observó con lágrimas en los ojos cómo su única oportunidad de poder estudiar se disolvía ante sus ojos sin remedio. Sin embargo, pensó que debería encontrar alguna otra forma tan inteligente como la anterior para poder estudiar otra vez, mientras esperaba que llegase el verano y los días fuesen más largos, y tuviera luz. Ese mismo día después de cenar se acostó, pero debido a la preocupación no pudo dormir. Harto de dar vueltas y más vueltas en la cama decidió salir a **dar un paseo** por el **bosque** en el que había pasado tantas horas en vela. La visión que tuvo fue increíble. No solo por las preciosas flores que había traído la primavera y el maravilloso paisaje de la **colina verde**, los animales, y el **río** que había vuelto a **fluir**. También contempló emocionado cómo la primavera se había llevado la nieve, sí, pero a cambio había traído un montón de **luciérnagas** que iluminaban y embellecían las cálidas noches de marzo.

Little by little, time passed quickly and one wonderful day, the rays of sunshine of the newly arrived spring melted the snow. Poor Eric watched with tears in his eyes as his only chance to study dissolved before his eyes. However, he thought that he would have to find some other way as intelligent as this one had been to be able to study again, while he waited for summer to come and for the days to be longer, and for light to come. That same day after dinner he went to bed, but he couldn't sleep for worrying. Tired of tossing and turning in bed, he decided to go for a walk in the forest where he had spent so many hours before. The view he had was incredible, not just because of the beautiful flowers that spring had brought, the wonderful landscape of the green hill, the animals, and the river that had started flowing again. He also watched excitedly as spring had taken away the snow, yes, but in return it had brought a pile of fireflies that illuminated and embellished the warm nights of March.

Rayos de sol: sun rays

Derretir: to melt

Dar un paseo: to go for a walk

Bosque: forest

Colina verde: green hill

Río: river

Fluir: to flow

Luciérnaga: firefly

Se quedó un rato **pasmado** ante el hermoso espectáculo y de repente, tuvo una nueva gran idea. Entró corriendo a su cuarto, cogió los libros y regresó al bosque. Se sentó bajo un árbol enorme y dejó que las luciérnagas se acercasen a él. Al principio estás no querían acercarse, así que tuvo que inventarse alguna manera para que éstas se sintieran **atraídas** hacia él y pudieran darle luz. En invierno había estado leyendo un libro sobre **animales voladores**, y también había estudiado las luciérnagas. Se le ocurrió que si volvía a casa y hacía una **trampa** con un montón de materiales para que ellas pensaran que era comida, estas se pondrían a volar alrededor de la comida y tendría algo parecido a una lámpara de luciérnagas.

He was bewildered for a while by the beautiful spectacle and suddenly, he had a great new idea. He ran into his room, took the books and went back to the woods.

He sat under a huge tree and let the fireflies approach him. At first they didn't want to get close, so he had to come up with a way for them to be attracted to him and give him light. In winter he had been reading a book about flying animals, and had also studied fireflies. It occurred to him that if he went home and trapped a lot of materials that they might think was food, they would fly around the food and look something like a firefly lamp.

Pasmado: bewildered

Atraída: attracted

Animales voladores: flying animals

Trampa: trick

Así que eso mismo hizo. Volvió a la cocina, cogió una de aquellas pelotas con las que ya no jugaba tan a menudo y la llenó de **miel** y de otras cosas dulces. Al principio, estaba preocupado de que toda la miel que tenían fuera a gastarse, así que fue a su madre y le contó el plan que había tenido para poder explicarle por qué quería la miel y pedirle permiso para usarla. La madre, que era muy **comprensiva**, entendía perfectamente cuáles eran los motivos por los que su hijo estaba tan preocupado. Entendió que Eric necesitaba tener un gran futuro y que su familia debía estar allí para apoyarle y ayudarle en todo momento. Así que le dijo que no pasaba nada, y que tomara tanta miel como necesitase.

So that's what he did. He went back to the kitchen, took one of those balls he no longer played with so often and filled it with honey and other sweet things. At first, he was worried that all the honey they had was going to be used, so he went to his mother and told her the plan so as to explain why he wanted the honey and ask for her permission to use it. His mother, who was very understanding, understood perfectly why her son was so worried. She understood that Eric needed to have a great future and that his family should be there to support and help him at all times. So, she told him nothing was wrong, and to take as much honey as he needed.

Miel: honey

Comprensivo: understanding

Dicho esto, Eric cogió la pelota más algo de miel y se la llevó al sitio donde estaban las luciérnagas. Una vez allí, se subió a un árbol y **ató** la pelota con miel cerca del suelo, **colgando**, como si se tratase de una **lámpara** de verdad. A los pocos minutos empezaron a aparecer grupos y grupos de luciérnagas, que con la luz que emitían le dieron a Eric la capacidad para leer y poder estudiar. Este se convirtió en su plan de estudio durante la primavera. Una noche tras otra repitió la misma operación y estudió bajo la brillante luz de los amigables bichitos. Gracias a eso pudo aumentar sus conocimientos y avanzar muchísimo en sus estudios. El chico era pobre y no tenía recursos, pero gracias a su sacrificio, esfuerzo y voluntad, consiguió superar una **barrera** que parecía insalvable.

That said, Eric took the ball plus some honey and went to where the fireflies were. Once there, he climbed a tree and tied the ball with honey close to the ground, hanging, as if it were a real lamp. A few minutes later, hoards and hoards of fireflies began to appear, and the light they emitted enabled Eric to read and study. This became his study plan during the spring. Night after night, he repeated the same operation and studied in the bright light of the friendly little bugs. Thanks to this, he was able to increase his knowledge and advance his studies a great deal. The boy was poor and had no resources, but thanks to his sacrifice, effort and willpower, he managed to overcome a barrier that seemed insurmountable.

Atar: to tie

Colgar: to hang

Lámpara: lamp

Barrera: barrier

Durante años estudió sobre la nieve en invierno y con ayuda de las luciérnagas en los meses de primavera y verano. El resultado fue que consiguió superar todas las pruebas y exámenes de la escuela con calificaciones brillantes. Todo el mundo sabía que se trataba de un chico brillante, y continuó sacando esas calificaciones incluso cuando llegó a la universidad. Una vez allí conoció a un montón de personas con las que tuvo muchas amistades. Una de ellas fue un profesor muy famoso que se interesó mucho en su historia, y cierto día le propuso escribir un libro contando su experiencia para estudiar cuando era pequeño. De esta manera, Eric fue capaz de sacar de la ruina a su familia y poder vivir acomodadamente. Además su historia llegó a los oídos de muchos niños que estudiaban en las mismas situaciones que él, y pudo ayudarle a conseguir un futuro mejor gracias a la fuerza y el apoyo que le dio su libro. Eric terminó siendo un gran escritor famoso e incluso un premio Nobel gracias a sus trabajos en el campo de la naturaleza y el estudio de los animales. Al final, como todos sabemos que ocurre cuando queremos hacer las cosas bien, la vida no solo recompensó a Eric, sino también al resto de su familia.

For years he studied on snow in winter and with the help of fireflies in the spring and summer months. The result was that he managed to pass all the school's tests and exams with brilliant grades. Everyone knew he was a bright boy, and he continued to get those grades even when he went to college. Once there, he met a lot of people with whom he became very friendly. One of them was a very famous teacher who was very interested in his story and, one day, he proposed writing a book telling of his experiences studying when he was young. This way, Eric was able to bring his family out of ruin to live comfortably. In addition, his story reached the ears of many children who studied in the same situations as him, and he was able to help them achieve a better future through the strength and support of his book. Eric ended up being a great famous writer and even a Nobel Prize winner thanks to his work in the field of nature and the study of animals. In the end, since we all know what happens when we want to do things right, life rewarded not only Eric, but the rest of his family as well.

Vocabulary Recap

Jornadas: working hours

Agricultura: agriculture

Salir adelante: to get ahead

Orgullosa/o: proud

Prometedor: promising

Aplicado: responsible

Estudioso: studious

Naturaleza: nature

Científico: scientific (adj.) or scientist (noun)

Cabaña: cottage

Madera: wood

Luz artificial: artificial light

Desesperado: desperate

Lluvia: rain

Nieve: snow

Viento: wind

Frío: cold

Paisaje nevado: snowy landscape

Abrigo de lana: woolen coat

Botas de cuero: leather boots

Capa de nieve: snow layer

Espesa/o: thick

Luz blanquecina: white light

Reflejar: to reflect

Infernal: horrible

Congelado: frozen

Rayos de sol: sun rays

Derretir: to melt

Dar un paseo: to go for a walk

Bosque: forest

Colina verde: green hill

Río: river

Fluir: to flow

Luciérnaga: firefly

Pasmado: bewildered

Atraída: attracted

Animales voladores: flying animals

Trampa: trick

Miel: honey

Comprensivo: understanding

Atar: to tie

Colgar: to hang

Lámpara: lamp

Barrera: barrier

HISTOIRE 9: LA HISTORIA DE PEDRO (FAMILIA Y GUERRA) STORY 9: PEDRO'S STORY (FAMILY AND WAR)

Era un joven estudiante de Instituto, y aproximadamente tendría catorce años. Como todos los días, cuando salía del colegio iba directo a casa de mis abuelos, estaba en casa con ellos y me **cuidaban**, ya que mis padres trabajaban. Así que todos los días ellos nos recogían a mis hermanos y a mí. Comíamos todos juntos en casa, viendo la tele o hablando todos juntos. Cuando terminábamos de comer, hacíamos los deberes que nos habían mandado en el colegio hasta que llegaban nuestros padres de trabajar para volver a llevarnos a casa.

I was a young high school student and would have been about fourteen years old. Like every day, on leaving school, I went straight to my grandparents' house, was at home with them and they took care of me, since my parents worked. So, every day they picked up my brothers and me. We all ate together at home, watching TV or talking together. When we finished eating, we did the homework that had been given to us at school until our parents arrived from work to take us home again.

–¡David!, ¿A dónde estás mirando, hijo?- escuché decir a una voz detrás de mí.

Levanté la cabeza y observé que mi **abuelo** estaba llamándome la atención, ya que tenía la mirada perdida.

–Perdona abuelo -le dije- estaba pensando, hoy en clase de Historia hemos estado estudiando la **Guerra civil** española y pensaba en cómo pudo pasar, en cómo se pudo llegar a esos **extremos**.

"David! What are you looking at, son?" I heard a voice behind me say.

I raised my head and noticed that my grandfather was trying to get my attention, and he had a haunted look on his face.

"Sorry Grandfather," I said, "I was thinking, today in history class were studying the Spanish Civil War and I was thinking about how it could have happened, how it could have gone to those extremes."

Cuidar: to look after someone or something

Abuelo: grandfather

Guerra Civil: civil war

Extremos: extremes or edges

Mi abuelo era un hombre muy interesante. Le gustaba mucho **contar su vida**, pero también le gustaba escuchar a los demás y aprender cosas. Entonces, me di cuenta de que me miraba con una sonrisa en la cara.

My grandfather was a very interesting man. He liked to talk about his life a lot, but he also liked to listen to others and learn things. Then I realized he was looking at me with a smile on his face.

–La guerra civil es un tema muy interesante, David, un tema muy interesante. Ahora mismo te veo algo cansado, así que si quieres, y para que te relajes un poco, podría contarte una historia que hace tiempo me contó mi padre, sobre dos amigos y la Guerra civil española.

"The Civil War is a very interesting subject, David, a very interesting subject. Right now, I see you are a little tired, so if you want, relax a little, and I could tell you a story that my father told me some time ago, about two friends and the Spanish Civil War."

Contar su vida: to talk about his life

Mi abuelo era un gran narrador de historias, siempre le gustaba contarnos cosas de cuando él era **joven**, y en Navidad toda la familia nos reuníamos para que después de cenar nos contase una bella **anécdota** de cuando él tenía nuestra edad. A veces, mis amigos venían a casa a **merendar** y siempre les gustaba sentarse alrededor del sillón de mi abuelo para escucharle hablar, porque era muy interesante aquello que nos contaba.

My grandfather was a great storyteller, he always liked to tell us things about when he was young and, at Christmas, the whole family would get together so that after dinner he could tell us a beautiful story about when he was our age. Sometimes my friends would come home for a snack and they always liked to sit around my grandfather's chair to hear him talk, because what he told us was very interesting.

–¡Claro que sí, abuelo!, -le contesté muy alegre- Ahora mismo estoy empezando a cansarme de tanto estudiar. Estoy seguro de que un poco de **descanso** me vendría bien, y me encantaría volver a escuchar una de tus historias.

"Of course, Grandfather," I replied very cheerfully, "Right now I'm starting to get tired studying so much. I'm sure I could use a little rest, and I'd love to hear one of your stories again."

Joven: young

Anécdota: story or anecdote

Merendar: to have lunch

Descanso: rest

Así que me puse de pie y dejé mis libros encima de la mesa. Fui a sentarme justo a su lado, para poder escuchar con toda la máxima atención que podía poner.

So I stood up and left my books on the table. I went to sit right next to him, so that I could listen as attentively as possible.

–Todo ocurre en el año 1937, en una **batalla** conocida como la Batalla de Guadalajara. Este fue el último intento del **bando sublevado** de tomar Madrid y sólo una semana después de su final, se inició la **campaña del norte**. En el **bando nacionalista** había un joven perteneciente a la XII **compañía de acorazados** llamado Pedro Sánchez López. Este chico tendría unos 21 años, y era muy guapo y atractivo físicamente. Tenía los ojos azules y era bastante alto.

"Everything happened in 1937, in a battle known as the Battle of Guadalajara. This was the last attempt by the rebels to take Madrid and only one week after it ended, the northern campaign began. On the nationalist side there was a young man belonging to the 12th battleship company called Pedro Sánchez López. This boy would be about 21 years old, and he was very handsome and physically attractive. He had blue eyes and he was pretty tall."

Batalla: battle

Bando sublevado: revolted side

Campaña del norte: northern campaign

Bando nacionalista: nationalist side

Compañía de acorazados: battleship Company

El 10 de marzo de 1937 se realiza un **avance** del bando contrario que fue apoyado por parte del **ejército** italiano, y, sin éxito, llegada la noche comienza a llover. Llovió tanto que todo el agua encharcaba los caminos, convirtiéndoles en **lodo** y **barro**. Entonces todos los vehículos quedaron bloqueados, y todos los **soldados** tuvieron que empezar a andar y avanzar a pie. Pedro era uno de los soldados que iba en la parte de delante. La batalla comenzó por la tarde, se oían **disparos** de **fusiles** y sonidos de guerra, **explosiones** de granadas que iluminaban el anochecer, gritos de jóvenes perdiendo la vida, gritando dolorosamente, intentando pedir ayuda a quien pudiera escucharles.

"On March 10, 1937, an advance was made by the opposite side, supported by the Italian army and, unsuccessfully, that night it began to rain. It rained so much that all the water flooded the roads, turning them to mud. Then, all the vehicles were blocked, and all the soldiers had to start walking and advancing on foot. Pedro was one of the soldiers in the front. The battle began in the afternoon, gunshots and sounds of war were heard, grenade explosions illuminated the evening, cries of young people losing their lives, shouting painfully, trying to ask for help from anyone who could hear them."

Avance: advance

Ejército: armed forces or army

Lodo y barro: mud

Soldados: soldiers

Disparos: shots

Fusiles: light muskets (guns)

Explosiones: explosions

Pedro estaba **escondido** detrás del árbol porque tenía muchísimo miedo. En ese momento, observó el movimiento de una sombra que corría escondiéndose entre los árboles, y le pareció que pertenecía al **bando contrario**. Las **bombas** caían sobre su cabeza sobrevolando el cielo, mientras Pedro miraba **aterrado** los **aviones**. Todas las personas que estaban viviendo esa guerra, querían que se acabara cuanto antes. Nadie quería continuar en esa situación tan horrible. En ese momento, sin saber cómo, levantó su fusil con las manos **temblorosas** y apuntó con él a la **sombra** que había visto unos momentos antes escondiéndose entre los árboles. Y pensando que era el **enemigo**, cerró los ojos y apretó el **gatillo** del **arma**. En ese momento, una luz iluminó el rostro que mataba. Pudo ver claramente la mirada del joven soldado al que acababa de matar, con los ojos ya vacíos de vida.

"Pedro was hiding behind the tree because he was so scared. At that moment, he noticed the movement of a shadow running through the trees, and it seemed to him that it was someone from the opposing side. Bombs fell on his head flying through the sky, while Pedro watched the planes landing. All the people living through that war wanted it to end as soon as possible. No one wanted to continue in such a horrible situation. At that moment, without knowing how, he lifted his rifle with trembling hands and pointed it at the shadow he had seen moments before hiding among the trees. And thinking it was the enemy, he closed his eyes and pulled the weapon's trigger. At that moment, a light illuminated the dead man's face. He could see clearly the look of the young soldier he had just killed, his eyes already empty of life."

Escondido: hidden

Bando contrario: enemy's side

Bombas: bombs

Aterrado: frightened

Aviones: planes

Temblorosas: shaking

Sombra: shadow

Enemigo: enemy

Gatillo: trigger

Arma: gun

En ese momento y lleno de remordimientos corrió hacia él. Llegó corriendo y **cansado**, y se acercó hasta el cuerpo del hombre. Cuando vio la cara de aquel chico se llevó una gran sorpresa. No era un soldado enemigo, sino que era su amigo José. Pedro y José se **criaron** juntos en el mismo pueblo desde que eran pequeños. Desde siempre habían sido los mejores amigos. Siempre estuvieron juntos, hasta que José se tuvo que marchar del pueblo a buscar **trabajo** y no volvió a saber de él hasta hoy. Ahora se encontraba **muerto** a sus pies, asesinado por su mejor amigo de la infancia.

"In that moment, full of remorse, he ran towards him. He came running, exhausted, and approached the man's body. When he saw that man's face, it was a big surprise. He was not an enemy soldier, but his friend José. Pedro and José grew up together in the same town from a young age. They had always been best friends. They were always together, until José had to leave town to look for work and he did not hear from him again until today.

Now he was dead at his feet, murdered by his best childhood friend."

Cansado: tired

Criar: to raise

Trabajo: job

Muerto: dead

A la mente de Pedro regresaron aquellos recuerdos de **niñez** de cuando jugaba con él a soldados y a **trincheras**. No le costó reconocerlo, su mirada era la misma que la de su **juventud**, ambos estaban metidos en una guerra sin quererlo, y ahora el juego era real y su amigo estaba muerto. Pedro no podía creer lo que había hecho. Le hubiera gustado volver a hace diez minutos y no haberle matado nunca. Quería irse con su amigo José, las lágrimas caían por sus mejillas y su corazón estaba lleno de **dolor**. Estaba **horrorizado**. Entonces, Pedro aprendió que nunca nos damos cuenta del gran mal que provocamos, mientras velaba el cuerpo de su amigo, a su mente le llegaba la siguiente reflexión:

"Those childhood memories of playing soldiers in the trenches with him returned to Pedro's mind. He had no trouble recognizing him, his face was the same as in his youth, both were engaged in a war without wanting it, and now the game was real and his friend was dead. Pedro couldn't believe what he had done. He would have liked to go back in time to ten minutes ago and never have killed him. He wanted to leave with his friend José, tears streamed down his cheeks and his heart was full of pain. He was horrified. Then, Pedro learned that we never realize the great evil that we cause, and while he was watching the body of his friend, the following thought came to mind:"

Niñez: childhood

Trincheras: trenches

Juventud: youth

Dolor: pain

Horrorizado: horrified

"Este mundo está loco, ¿Cómo podemos matarnos entre nosotros por unos simples **ideales**? Deberíamos darnos cuenta lo que de verdad importa no es lo que el otro piensa, sino lo que nos aporta, la **sociedad** debería aprender el concepto de respeto, amistad, y el más importante, el de la unión como hermanos sin que importen las ideas, religiones, razas, antes de que acabemos con nosotros mismos y con la **humanidad**".

"This world is crazy. How can we kill each other for simple ideas? Society should learn the concept of respect, friendship and, most importantly, of the union of brothers no matter what ideas, religions, races, before we end ourselves and humanity."

La muerte de José marcó para siempre la vida de Pedro. Para Pedro, cuando acabó la guerra, fue muy difícil adaptarse a la vida de siempre, en el pueblo de siempre, y pensar que no iba a volver a ver a su amigo nunca más. Todos los días cuando se despertaba, deseaba que ojalá no hubiera pasado. Todas las noches **rezaba** para poder volver a aquella noche y poder cambiar lo que había ocurrido, pero sabía que eso no iba a ser posible.

"José's death marked Pedro's life forever. For Pedro, when the war ended, it was very difficult to adapt to normal life, in the same town, and thinking that he was never going to see his friend again. Every day when he woke up, he wished it hadn't happened. Every night he prayed that he could go back to that night and change what had happened, but he knew that was never going to be possible."

Ideales: ideals

Sociedad: society

Humanidad: humanity

Rezar: to pray

A mí esa historia de mi abuelo me marcó muchísimo, y cuando éste terminó de contarla, yo estuve callado porque no podía decir nada, hasta que mi abuelo **rompió el silencio** y me habló.

To me, my grandfather's story touched me very much, and when he finished telling it, I was quiet because I couldn't say anything, until my grandfather broke the silence and spoke to me.

– ¿Qué te ha parecido hijo?, bonita eh, ¿has entendido el mensaje?

Yo quería contestarle, pero no podía ni hablar. El cuento que me había contado me acababa de dejar **impresionado**, sin palabras, **asombrado**, y un sentimiento de **tristeza** que llenaba mi corazón. Nunca había oído una historia tan triste como aquella.

"What do you think, son? Good, huh, and did you understand the message?"

I wanted to answer him, but I wasn't able to speak. The story he had told me had just left me speechless, astonished, and a feeling of sadness filled my heart. I'd never heard a story as sad as that.

–Ha sido increíble abuelo, sí claro que he entendido su mensaje, la vida es preciosa. Tenemos que aprender a respetarnos los unos a los otros, sea quien sea. Muchas gracias, abuelo, tus historias son siempre **sorprendentes**.

"It has been incredible, Grandfather. Yes of course I understood his message, life is precious. We have to learn to respect each other, whoever it is. Thank you very much, Grandpa, your stories are always amazing."

Romper el silencio: to break the silence

Impresionado: impressed

Asombrado: astonished

Tristeza: sadness

Sorprendentes: surprising

En ese momento, la puerta de la casa se abrió como todos los días a la misma hora, y aparecieron mis padres, muy sonrientes, para llevarnos a casa otra vez y disfrutar de la tarde de viernes que teníamos por delante.

At that moment, the door of the house opened, as it did every day at the same time, and my parents appeared, smiling, to take us home again to enjoy the Friday afternoon ahead.

–Vamos chicos, vámonos para casa, que ya es tarde, dad un beso a los abuelos, venga vamos - Dijo mi madre, metiéndonos prisa como siempre.

Antes de irme, volví a acercarme a mi abuelo para darle las gracias por la comidas y por la historia que me acababa de contar.

"Come on, boys, let's go home, it's already late. Give your grandparents a kiss, come on," said my mother, hurrying us as always.

Before I left, I approached my grandfather again to thank him for the meals and for the story he had just told me.

–Abuelo, gracias por todo -le dije- solo tengo una pregunta más, ya que nunca me has hablado de él. ¿Cómo se llamaba el **bisabuelo** que te contó la historia?- le pregunté.

"Grandpa, thank you for everything," I said, "I only have one more question, since you never told me about him. What was the name of the great-grandfather who told you the story?" I asked him.

Bisabuelo: great-grandfather

Mi abuelo se quedó callado por unos momentos. No sabía si contestarme o no contestarme, pero de repente, se armó de valor, me cogió de un hombro y mirándome a los ojos, me dijo:

-Pedro. Tu bisabuelo era Pedro, el de la historia que te acabo de contar.

My grandfather was quiet for a few moments. He didn't know whether to answer me or not, but suddenly, he took courage, grabbed me by the shoulder and looked me in the eye, he said:

"Pedro. Your great-grandfather was Pedro, the one in the story I just told you."

Vocabulary Recap

Cuidar: to look after someone or something

Abuelo: grandfather

Guerra Civil: civil war

Extremos: extremes or edges

Contar su vida: to talk about his life

Joven: young

Anécdota: story or anecdote

Merendar: to have lunch

Descanso: rest

Batalla: battle

Bando sublevado: revolted side

Campaña del norte: northern campaign

Bando nacionalista: nationalist side

Compañía de acorazados: battleship Company

Avance: advance

Ejército: armed forces or army

Lodo y barro: mud

Soldados: soldiers

Disparos: shots

Fusiles: light muskets (guns)

Explosiones: explosions

Escondido: hidden

Bando contrario: enemy's side

Bombas: bombs

Aterrado: frightened

Aviones: planes

Temblorosas: shaking

Sombra: shadow

Enemigo: enemy

Gatillo: trigger

Arma: gun

Cansado: tired

Criar: to raise

Trabajo: job

Muerto: dead

Niñez: childhood

Trincheras: trenches

Juventud: youth

Dolor: pain

Horrorizado: horrified

Ideales: ideals

Sociedad: society

Humanidad: humanity

Rezar: to pray

Romper el silencio: to break the silence

Impresionado: impressed

Asombrado: astonished

Tristeza: sadness

Sorprendentes: surprising

Bisabuelo: great-grandfather

HISTOIRE 10: VIERNES 7 DE DICIEMBRE (SUEÑOS Y REALIDAD)
STORY 10: FRIDAY DECEMBER 7TH (DREAMS AND REALITY)

Parecía una mañana como otra cualquiera. Desde la ventana podía verse la calle. Estaba llegando el otoño y la gente salía de sus casas un poco más abrigados de lo normal. Me desperté por el ruido de un teléfono que no dejaba de sonar. Abriendo los ojos me di cuenta de que estaba **tumbada** en mi cama, en mi habitación, pero no podía recordar cómo había llegado hasta aquí. Tenía un dolor horrible de cabeza. Cuando desperté, **todo daba vueltas** a mi alrededor. Me levanté lentamente. Había **numerosas** botellas de bebida repartidas por el suelo. Algunas son de ayer, otras llevan ahí días, pero están empezando a ocupar toda la habitación.

It seemed to be a morning like any other. From the window you could see the street. Autumn was coming and people were leaving their homes a little more wrapped up than usual. I woke up to the sound of a phone that kept ringing. Opening my eyes, I realized that I was lying in my bed, in my room, but I couldn't remember how I got here. I had a terrible headache. When I woke up, everything was spinning around me. I got up slowly. There were numerous bottles of drink scattered on the floor. Some are from yesterday, others have been there for days, but they are starting to take over the whole room.

Tumbado: lying

Todo daba vueltas: when someone is sick/the room was spinning

Numerosas: a lot or many

Esto no puede seguir así –pensé. Tenía que dejar de beber, pero **se había vuelto una costumbre** que ya no podía controlar. El cuerpo me lo pedía como si se tratase del desayuno de cada mañana. Era la costumbre, a todas horas. Era una **adicción**. Fui a coger el teléfono, que no había parado de sonar, pero cuando estaba justo a punto de alcanzarlo, ya habían **colgado**. Qué sensación tan extraña tenía aquel sábado por la mañana. Una vez que me levanté, desde allí, de pie, pude observar toda mi habitación: estaba hecha un completo **desastre**.

"This can't go on like this," I thought. I had to stop drinking, but it had become a habit I could no longer control. The body asked for it as if it were breakfast every morning. It was the custom, all the time. It was an addiction. I went to pick up the phone, which had not stopped ringing, but when I was just about to reach it, they hung up. What a strange feeling I had that Saturday morning. Once I got up, from there, standing, I could see my whole room: it was a complete mess.

Debí llegar en muy malas condiciones anoche. Mi **bolso** estaba tirado en la puerta. Toda la ropa estaba tirada por el suelo, encima de la silla, o debajo de la cama. En el escritorio había restos de vasos y comida, cerca de los libros que me había prometido a mí misma que leería algún día, pero no había empezado ni si quiera.

I must have arrived in a very sorry state last night. My handbag was lying in the doorway. The clothes were all lying on the floor, on top of the chair, or under the bed. On the desk there were remains in glasses and some food, near the books I had promised myself I would read someday, but I hadn't even started nor wanted to.

Se había vuelto una costumbre: it had become a habit

Adicción: addiction

Colgado: hung up

Desastre: disaster

Bolso: purse/handbag

Fui a comprobar que no faltaba nada. La **cartera**, las **llaves**. Comprobar que estuviera todo lo importante me tranquilizó un poco. No **eché nada en falta**, así que fui al baño a darme una ducha de agua caliente. Al llegar al baño me miré en el **espejo**. El maquillaje estaba corrido por mis ojos, y delataba que había estado llorando. Empecé a sentir un **martilleo** en la cabeza parecido al dolor que tenía cuando me había levantado. No podía recordar casi nada de lo que había pasado o de lo que había hecho la noche anterior, y no podía evitar que esa sensación me preocupara. Incluso sentí **una pizca de** miedo.

I went to check that nothing was missing. The wallet, the keys, checking that everything was intact reassured me a little. There was nothing missing, so I went to the bathroom to take a hot shower. When I got to the bathroom, I looked in the mirror. My makeup was running through my eyes, and I looked like I had been crying. I began to feel a pounding in my head similar to the pain I had when I got up. I couldn't remember much of what had happened or what I had done the night before, and I couldn't help but worry about that feeling. I even felt a little bit afraid.

Cartera: wallet

Llaves: keys

Echar algo en falta: to miss something

Espejo: mirror

Martilleo: hammering

Una pizca de: a little bit of

Mi única esperanza era pensar que no había hecho nada de lo que pudiera arrepentirme. Pero algo me decía que no era así. Yo tengo **presentimientos** como este muy a menudo. Son algo así como **sensaciones** de que algo va mal, o de que va a ocurrir algo que no va a gustarme. Mientras pensaba en qué pudiera ser aquello que me preocupaba, intentaba **recoger** un poco mi habitación y de repente, llamaron a la puerta. Desde la ventana de la puerta pude comprobar que eran dos hombres vestidos de azul, pero no distinguí bien de quien se trataba hasta que abrí la puerta. Era la policía: estaban preguntando por mí.

My only hope was to think I hadn't done anything I would regret. But something told me it wasn't like that. I very often have feelings like this. They are something like sensations that something is wrong, or that something is going to happen that I'm not going to like. While I was thinking about what it might be that I was worried about, I tried to tidy up my room a little and suddenly, someone knocked on the door. From the window of the door I could see that they were two men dressed in blue, but I couldn't tell who it was until I opened the door. It was the police: they were asking for me.

–No puedo recordar nada. Ya se lo he dicho.

Hubo otro silencio **incómodo** entre los agentes y yo en aquella **sala**.

Empezaba a cansarme, era ya la cuarta o quinta vez que me hacía la misma pregunta, y siempre obtenía la misma respuesta. El **agente** tenía una expresión muy seria en la cara. Creo que estaba **enfadándose**, y me daba la **impresión** de que además estaba empezando a perder la paciencia conmigo.

"I can't remember anything. I've already told you."

There was another uncomfortable silence between me and the agents in the room.

I started to get tired, it was already the fourth or fifth time I had been asked the same question, and I always gave the same answer. The agent had a very serious expression on his face. I think he was getting angry, and it seemed to me that he was also beginning to lose patience with me.

Presentimiento: feeling

Sensaciones: sensations

Recoger: to tidy up

Incómodo: uncomfortable

Sala: room

Agente: agent or police officer

Enfadándose: getting angry

Impresión: impression/feeling

–Se lo diré por última vez –dijo despacio el policía, pronunciando cada sílaba como si fuera una **amenaza** – ¿Dónde estaba usted la noche del 7 de diciembre?

"I will ask you for the last time," said the policeman slowly, pronouncing each syllable as if it were a threat. "Where were you on the night of December 7th?"

Cerré los ojos. Estaba esforzándome por intentar recordar algo: el más mínimo **indicio** me recordaría que pasó anoche, pero **no era capaz.** Cada vez que intentaba recordar, veía una gran laguna en lugar de recuerdos. No podía parar de **retorcerme los sesos**, pero tampoco era capaz de acordarme de ningún mínimo detalle. El policía suspiró.

I closed my eyes. I was struggling to remember something: the slightest hint would remind me what happened last night, but I couldn't. Every time I tried to remember, I saw a big pond instead of memories. I couldn't stop wracking my brains, but I couldn't remember any details either. The cop sighed.

–Creo que no es consciente de la gravedad de la situación. -dijo el policía- señorita, por favor, le agradeceríamos que hiciera algún esfuerzo por recordar lo que sea. Cualquier cosa. El más mínimo detalle sería para nosotros de gran utilidad.

–Tampoco nadie ha venido a explicarme nada –dije.

"I don't think she's aware of the gravity of the situation," said the policeman, 'Miss, please, we'd appreciate it if you'd make an effort to remember anything. Anything at all. The smallest detail would be of great use to us."

"No one has come to explain anything to me either," I said.

Amenaza: threat

Indicio: sign

No era capaz: wasn't able

Retorcerme los sesos: wrack my brains

Nada mas llegar los policías a mi casa, sin pronunciar ni media palabra, me habían guiado hasta aquella sala vacía, con la intención de hacerme un interrogatorio sobre un asunto que yo desconocía por completo. No había nadie más en la **comisaría** a esas horas de la mañana, solo estaba yo.

As soon as the policemen arrived at my house, without saying a word, they had guided me to that empty room, with the intention of interrogating me on a matter that I was completely unaware of. There was no one else at the police station at that time in the morning, only me.

–Abigail Torres, al parecer es una amiga suya, y está **desaparecida** desde ayer. Tenemos a varios **testigos** que hemos encontrado, y todos ellos nos confirman que la última vez, fue vista contigo: al parecer, se dirigían a los alrededores de la ciudad.

"Abigail Torres, apparently, a friend of yours has been missing since yesterday. We have found several witnesses who all confirm to us that the last time she was seen, she was seen with you: apparently, you were on your way to the outskirts of the city."

Esa noticia me dejo en shock. Mi mejor amiga, Abi, estaba desaparecida, y yo no podía hacer nada para ayudarla. Ojalá pudiera recordar cualquier detalle que fuera de utilidad para ayudarla, pero no podía. **Se me inundaron los ojos de lágrimas.** ¿Qué había pasado?

That news left me in shock. My best friend, Abi, was missing, and I couldn't do anything to help her. I wished I could remember any detail that might be useful to help her, but I couldn't. My eyes flooded with tears. What had happened?

Comisaría: police station

Desaparecida/o: missing

Testigos: witnesses

Se me inundaron los ojos de lágrimas: suddenly I wanted to cry/ my eyes filled with tears

Cerré los ojos y me calmé. Poniéndome histérica no iba poder ayudar a nadie, eso estaba claro. Así que respiré profundamente y me concentré todo lo que pude. De repente, gracias a la información de la policía y como si hubiese sido un **milagro**, recordé estar en el coche de Abi. Ella conducía. Estaba muy emocionada porque me iba a presentar a su nuevo **novio**, Miguel, del que no había parado de hablar en las dos últimas semanas. Se lo conté al policía. Me escuchó atentamente: por fin empezaba a recordar algo en las dos horas que llevábamos en la comisaría. Sin embargo, al acabar, se levantó y salió de la sala: me dejó allí sola con mis pensamientos. No pude evitar que se me pasara por la cabeza la idea de que Miguel le había hecho daño a Abi. Todavía no le había conocido y no tenía ninguna imagen de él, pero siempre que ocurre algo **tendemos a pensar** que ha sido aquel al que no conocemos.

I closed my eyes and calmed down. Getting hysterical was not going to help anyone, that was clear. So, I took a deep breath and concentrated as hard as I could. Suddenly, thanks to police information and as if there had been a miracle, I remembered being in Abi's car. She was driving. She was very excited because she was going to introduce me to her new boyfriend, Miguel, whom she had not stopped talking about in the last two weeks. I told the policeman. He listened attentively to me: I was finally beginning to remember something in the two hours we had been at the police station. However, when we finished, he got up and left the room: he left me there alone with my thoughts. I couldn't help thinking that Miguel had hurt Abi. I hadn't met him yet and I hadn't seen any pictures of him, but whenever something happens we tend to think the one we don't know did it.

Empecé a sospechar, ya que **esa idea cobraba mucho sentido** en mi cabeza. Fuimos las dos a verle... Y al llegar él era amable, simpático. Pero en algún momento **la noche se torció**. Recuerdo una pelea. Lo más probable es que discutieran por cualquier tontería, pero luego me acordé de que se estaban gritando, tanto que yo quise salir de allí cuanto antes. Me fui de la casa de Miguel gritando para que se dieran cuenta de que estaba enfadada.

I became suspicious, since the idea made a lot of sense in my head. We both went to see him... And when we arrived he was kind, nice. But at some point, something started to go wrong. I remember a fight. Most likely they were arguing over some nonsense, but then I remembered that they were shouting at each other, so much so that I wanted to get out of there as soon as possible. I left Miguel's house screaming so that they would realize how angry I was.

Milagro: miracle

Novio: boyfriend

Tendemos a pensar: we tend to think

Esa idea cobra mucho sentido: that idea seems possible

La noche se torció: something started to go wrong

Mientras me marchaba podía oír como Miguel me gritaba para que volviera. Pero no lo hice. ¿Y si con eso sólo conseguí **cabrearle** aún más? Con un **escalofrío**, miré el teléfono. La llamada perdida era de Miguel. Al ver esa llamada sentí mucho miedo. Fui **presa del pánico**, y grité con todas mis fuerzas. El policía entró en la sala y me agarró por los hombros; intentaba tranquilizarme pero no podía. Estaba completamente segura de que el destino de mi amiga estaba a manos de Miguel. Sentía que estaba en peligro. En medio del **delirio**, el policía llamó a los médicos de la comisaría. El médico, nada más llegar, al ver la situación me inyectó un calmante en el brazo, lo que hizo que perdiera la consciencia durante unas horas.

As I was leaving, I could hear Miguel yelling at me to come back. But I didn't. What if that just pissed him off even more? With a shiver, I looked at the phone. The missed call was from Miguel. When I saw that call, I was very scared. I panicked and screamed with all my strength. The policeman entered the room and grabbed me by the shoulders; he was trying to reassure me but could not. I was completely sure that my friend's fate was in Miguel's hands. I felt I was in danger. In the middle of this madness, the policeman called the doctor at the police station. As soon as the doctor arrived, when he saw the situation, he injected a sedative into my arm, which made me lose consciousness for a few hours.

Cabrearle: to make him mad

Escalofrío: shiver

Ser presa del pánico: to be horrified

Delirio: delirium

Dormí durante un rato y eso me ayudó a estar más tranquila cuando desperté. Cuando recobré el sentido, me encontraba en uno de esos bares a los que Abi y yo íbamos. Estaba sentada en una mesa repleta de botellas vacías, de cigarrillos mal apagados y unos cuantos vasos a medio llenar. Me incorporé, y vi a Abi en la barra. Estaba pidiendo un vaso de agua para mí.

I slept for a while and that helped me to be calmer when I woke up. When I regained consciousness, I was in one of those bars that Abi and I used to go to. I was sitting at a table full of empty bottles, poorly extinguished cigarettes, and a few half-filled glasses. I stood up and saw Abi at the bar. She was asking for a glass of water for me.

– ¿Ya te has despertado? –me miró, intranquila –Esto no puede seguir así, ¿me oyes? Un día de estos beberás más de la cuenta y entonces no te tendré que recoger de un bar, sino de un tanatorio.

Tardé un rato en volver a la realidad.

– ¿Abi, donde está Miguel? -le pregunté.

– ¿Miguel? ¿Por qué me preguntas por él ahora? -dijo ella- Da igual, olvídalo.

"Have you woken up now?" she looked at me uneasily, "Things can't go on like this, do you hear me? One of these days you'll drink too much and then I won't be picking you up from a bar, but from a morgue."

It took me a while to get back to reality.

"Abi, where's Miguel?" I asked her.

"Miguel? Why are you asking me about him now?"

"Never mind, forget it."

Parecía demasiado real para haber sido un sueño, sin embargo... Yo no sabía qué creer. Muchas veces me ocurre que sueño cosas y luego al despertar tengo la sensación de haberlo vivido todo como si fuera real.

¿Sería esto real? ¿Estaría realmente Abi sentada a mi lado? Solo había una manera de comprobarlo. Y como si fuese un rayo, una idea fugaz se me pasó por la cabeza.

-Abi... ¿Qué día es hoy? -le pregunté.

–Viernes 7 de diciembre. Venga, date prisa. Tengo el coche aparcado en la puerta.

It seemed too real to have been a dream, though... I didn't know what to believe. So often it happens to me that I dream things and then when I wake up I have the feeling of having lived everything as if it were real.

Could this be real? Could Abi really be sitting next to me? There was only one way to prove it. And like lightning, a fleeting idea crossed my mind.

"Abi... What day is it today?" I asked her.

"Friday, December 7th. Come on, hurry up. My car is parked at the door."

Y es cierto, así es como me di cuenta de que todo aquello de los agentes y la comisaría había sido un sueño ¿O quizás una advertencia? Puede ser. De todas maneras, ya nunca más iba a volver a dejar de lado a Abi cuando me necesitase, y espero que Miguel no fuera tan violento y agresivo como parecía serlo en mi sueño.

And it's true, that's how I realized that all that about the agents and the police station had been a dream, or maybe a warning? Maybe. Anyway, I was never going to put Abi aside again when she needed me, and I hope Miguel wasn't as violent and aggressive as he seemed to be in my dream.

Vocabulary Recap

Tumbado: lying

Todo daba vueltas: when someone is sick/the room was spinning

Numerosas: a lot or many

Se había vuelto una costumbre: it had become a habit

Adicción: addiction

Colgado: hung up

Desastre: disaster

Bolso: purse/handbag

Cartera: wallet

Llaves: keys

Echar algo en falta: to miss something

Espejo: mirror

Martilleo: hammering

Una pizca de: a little bit of

Presentimiento: feeling

Sensaciones: sensations

Recoger: to tidy up

Incómodo: uncomfortable

Sala: room

Agente: agent or police officer

Enfadándose: getting angry

Impresión: impression/feeling

Amenaza: threat

Indicio: sign

No era capaz: wasn't able

Retorcerme los sesos: wrack my brains

Comisaría: police station

Desaparecida/o: missing

Testigos: witnesses

Se me inundaron los ojos de lágrimas: suddenly I wanted to cry/ my eyes filled with tears

Milagro: miracle

Novio: boyfriend

Tendemos a pensar: we tend to think

Esa idea cobra mucho sentido: that idea seems possible

La noche se torció: something started to go wrong

Cabrearle: to make him mad

Escalofrío: shiver

Ser presa del pánico: to be horrified

Delirio: delirium

CONCLUSION

Thank you for purchasing and for reading this book. A new language can truly open new doors that you never thought existed. I hope this book was able to help open those new doors for you. A lot of effort has gone into the making and publication of this book, but the simple thought that it is helping pave the way for you to continue learning Spanish – and have fun while you're at it – makes all the effort worthwhile.

After reading the ten stories found in this book, you should be making headway in learning Spanish. You have learned hundreds of useful new vocabulary items to add to your memory bank, and you will find that your confidence in reading and writing has improved, too. If you found this book to be helpful, you can support it by leaving a review on Amazon or on the My Daily Spanish store. Your feedback is truly appreciated and valued.

To guide you further in your Spanish language journey, the My Daily Spanish team would be delighted to assist you in any way we can.

You can drop by the website (mydailyspanish.com) where you can find all the resources you need to learn and embrace Spanish – fun articles, lifestyle topics, quizzes, and many other resources, all targeting different levels of learning.

You can also follow My Daily Spanish on social media, where we aim to give you fun and useful content to help you keep learning Spanish daily.

- Facebook (facebook.com/mydailyspanish)
- Instagram (@holamydailyspanish)
- Twitter (@mydailyspanish)
- Pinterest (pinterest.com/mydailyspanish)

If you have any questions, requests, or concerns, do not hesitate to email support@ mydailyspanish.com. It would be awesome to hear from you.

INSTRUCTIONS ON HOW TO DOWNLOAD THE AUDIO

Please take note that the audio are in MP3 format and need to be accessed online. No worries though; it's quite easy!

On your computer, smartphone, iphone/ipad or tablet, simply go to this link:

https://mydailyspanish.com/download-learn-spanish-intermediate-volume-1/

Do you have any problems downloading the audio? If you do, feel free to send an email to support@mydailyspanish.com. We'll do our best to assist you, but we would greatly appreciate if you could thoroughly review the instructions first.

Gracias, thank you

Frédéric

ABOUT MY DAILY SPANISH

MyDailySpanish.com is a website created to help busy learners learn Spanish. It is designed to provide a fun and fresh take on learning Spanish through:

- helping you create a daily learning habit that you will stick to until you reach fluency, and
- making learning Spanish as enjoyable as possible for people of all ages.

With the help of awesome content and tried-and-tested language learning methods, My Daily Spanish aims to be the best place on the web to learn Spanish.

The website is continually updated with free resources and useful materials to help you learn Spanish. This includes grammar and vocabulary lessons, plus culture topics, to help you thrive in a Spanish-speaking location – perfect not only for those who wish to learn Spanish, but also for travelers planning to visit Spanish-speaking destinations.

For any questions, please email contact@mydailyspanish.com.

www.ingramcontent.com/pod-product-compliance
Lightning Source LLC
Chambersburg PA
CBHW080330030726
47593CB00010B/2956
9781684892792